BESSER AUFRÄUMEN
Freier leben

BESSER AUFRÄUMEN

Freier leben

MINIMALISMUS FÜR DIE WOHNUNG

Tipps . Anleitungen . Checklisten

CHRISTIAN

INHALT

Theorie

MINIMALISMUS FÜR DIE WOHNUNG

Tipps, Anleitungen, Checklisten

MINIMALISMUS FÜR DIE WOHNUNG

Sie sind auf der Suche nach einem leichteren Leben? Hier sind Anregungen und Inspiration für Ihr Zuhause, sich auf das Wesentliche zu konzentrieren.

Seit ich mit 19 Jahren von zu Hause ausgezogen bin, setze ich mich mit dem Thema Wohnen auseinander. Wer wohnt wie und warum? Wie können wir schöner wohnen und was müssen wir dafür tun? Was braucht es, um glücklich zu wohnen? Das wollte ich herausfinden.

Ordnung war dabei schon immer ein wichtiger Faktor für mich und schon früh war mir klar, dass ein aufgeräumtes Umfeld eine entspannende Wirkung auf Menschen hat.

Mit einem Bericht über »professional organizers«, also Menschen, die professionell aufräumen, fiel für mich Anfang 2011 der Startschuss: Ich habe mein Lieblingsthema zum Beruf gemacht. Seitdem schaffe ich Ordnung in Privathaushalten. Ich helfe Menschen, besser zu wohnen und sich von unnötigem Ballast zu befreien. Zeitgleich zu meiner Selbstständigkeit als Ordnungscoach begann ich meinen Blog »Fräulein Ordnung«, wenig später startete dort meine Kolumne »Donnerstag = OrdnungsTag«. Darin gebe ich wöchentlich Ideen, Tipps und Anregungen zu den Themen Ordnung, Loslassen und Minimalismus.

MEINE ORDNUNG

Für mich war »Ordnung« immer der Oberbegriff für alles, was mit meinem Beruf und Blog zu tun hat. Bis ich auf einen Artikel über Minimalismus stieß. In dem Artikel ging es um Menschen, die ihre Besitztümer auf ein absolutes Minimum reduziert haben, Kleidung nur secondhand kaufen und für die Nachhaltigkeit und Müllvermeidung ein großes Thema ist. Diesen Artikel habe ich oft gelesen und viel darüber nachgedacht. Bis dahin war ich der Meinung, ich sei kein Minimalist. Dafür habe ich viel zu viele wundervolle Dinge um mich herum und mit drei Kindern im Haus ist an Minimalismus ohnehin nicht zu denken. Andere Mütter werden nur zu gut wissen, worüber ich rede.

Minimalismus ist ein Lebensstil, der ebenso geprägt ist durch die Befreiung der eigenen vier Wände von Unnützem wie durch eine radikale Form des Konsumverzichts. Aber heißt Minimalismus automatisch, in einem Raum ganz ohne Besitz zu leben? So ist es nicht.

Mein Kleiderschrank ist so minimalistisch bestückt wie mein Schminkbeutel. Für den Inhalt meiner Handtaschen – ich besitze ohnehin nur zwei – trifft das gleiche zu. Bei meinen Einsätzen als Ordnungscoach wurde mir immer bewusst, wie viel weniger Sachen ich besitze als »Otto Normalverbraucher«. In unserer Küche hingegen gibt es viel zu gucken: Kochbücher und schöne Tassen sind meine Schwäche. Aber ich habe kein Problem damit, einige von ihnen wieder in Umlauf zu bringen, wenn ich merke, dass ich sie nicht nutze. Unsere Schubladen sind gefüllt mit allem für das tägliche Leben nötige Geschirr, Gläser und Vorratsdosen, nichts fehlt.

Die Schubladen sind nicht so voll, als dass ich sie nicht mehr schließen könnte, doch sobald meine Kinder irgendwann aus dem Haus sind, wird unser Besitz auf jeden Fall auch an dieser Stelle stark reduziert.

Genau dort liegt wohl auch der Grund, weshalb unser Haus nicht so minimalistisch ist, wie ich es mir für die Zukunft vorstelle: Mit drei Kindern hat man unweigerlich einen größeren Hausstand als eine einzelne Person. Das liegt in der Natur der Sache. Und obwohl ich einen starken Hang zum Minimalismus habe, möchte ich es trotzdem ansprechend und gemütlich haben. Schließlich möchte ich mich in meinen vier Wänden geborgen fühlen.

MINIMALISTISCH – ABER MIT SINN

Es geht aber gar nicht darum, wer die wenigsten Dinge im Leben braucht oder wer die kleinste Wohnung hat. Wer nur versucht, weniger zu besitzen als andere, und sich ständig vergleicht, hat nicht verstanden, dass Minimalismus kein Wettbewerb ist. Es geht nicht darum, wer der bessere Mensch ist oder wer mit dem kleinsten Wohnraum auskommt. Ein Minimalist muss nicht zwangsläufig auf sein Auto verzichten, den Job kündigen und auf einem unbequemen Stuhl vor einer weißen Wand sitzen.

Besitz abzugeben ist nicht die Lösung, viel wichtiger ist das bewusste Auseinandersetzen mit der Frage: »Wie viel brauche ich, um glücklich zu sein?« Jeder wird staunen, wie wenig.

Minimalismus ist vor allem eine Idee, eine Lebenseinstellung und ein stetiger Prozess, Überflüssiges zu entfernen und Platz für das Wesentliche zu schaffen. Es geht darum, sich Gedanken zu machen, was einem wirklich wichtig ist, ohne auf Wohlgefühl verzichten zu müssen. Überflüssiges aus der Wohnung zu verbannen und Chaos-Ecken dauerhaft in den Griff zu bekommen, um so Besitz nicht als Belastung zu empfinden: Das ist das Ziel.

Wir sollten auch bedenken, dass wir nicht in Japan leben. Menschen leben dort für unser Empfinden spartanisch und haben nur eine Matratze auf dem Boden liegen. Aber wir in Europa haben doch eine etwas andere Vorstellung von einem wohnlichen Zuhause. Als Familie mit Kindern ohnehin, denn Behaglichkeit ist so wichtig, um unseren Kindern eine schöne Kindheit zu schenken.

WOHNLICHKEIT UND HYGGE

In diesem Buch soll es eben um diese Wohnlichkeit gehen. Die Dänen haben in ihrem Wortschatz das wunderbare Wort HYGGE (die Kunst, eine angenehme Atmosphäre zu schaffen, Geborgenheit, Gemütlichkeit, Entschleunigung) für diesen Zustand und ich bin zutiefst davon überzeugt, dass sich Minimalismus und HYGGE nicht gegenseitig ausschließen.

Für den Minimalisten heißt es nicht, auf gemütliche Kissen auf dem Sofa, eine hübsche Tasse für den morgendlichen Kaffee oder die Kerzen auf dem Sideboard zu verzichten. Eher geht es darum, dieses Sideboard nicht mit Dingen vollzupacken, die wir nicht brauchen, die nicht glücklich machen oder die sogar davon ablenken, die Wohnlichkeit im eigenen Zuhause genießen zu können. Und es geht darum, zu prüfen, was sinnvollerweise und gut strukturiert im Sideboard aufbewahrt wird oder ob wir hier nicht besser Platz schaffen für wichtigere Dinge. Wir sollten eine bewusste Auswahl treffen und überlegen, mit welchen Dingen wir uns umgeben und wie wir eigentlich leben möchten.

Was bleiben darf, sind persönliche Lieblingsstücke. Sachen, die eine Geschichte erzählen,

↑ *Als Minimalist muss man nicht komplett auf Deko oder eine schöne Decke auf dem Bett verzichten.*

und deshalb eine ganz besondere Bedeutung für uns haben. Denn wenn wir nur Dinge besitzen, die uns ein Lächeln ins Gesicht zaubern, können wir glücklich wohnen! Und das sollte schließlich unser Ziel sein – für uns selbst und die Familie.

ORDNUNG UND MINIMALISMUS

Ordnung und Minimalismus gehen Hand in Hand und Loslassen ist die wichtigste Übung auf dem Weg dorthin. Ein Heim ohne chaotische Ansammlung von Besitztümern hat eine positive Auswirkung auf unsere geistige Klarheit. Das bedeutet nicht, einfach alles wegzuwerfen, denn das wäre nicht im Sinne der Nachhaltigkeit. Doch wer sich darin übt, sich von unnötigem Ballast zu trennen, übt gleichzeitig, sich von innerem Ballast zu trennen. Man entwickelt Schritt für Schritt ein Gefühl für sich selber und seine Bedürfnisse und kann dies überall auf seinem Lebensweg anwenden. All das tun wir mit der Aussicht, uns nicht mehr vom Überfluss überfordern zu lassen, sondern uns auf das Wesentliche konzentrieren zu können. Minimalismus hat das Ziel, uns das Leben zu erleichtern.

LOSLASSEN

Nicht alles, was wir aufheben, wollen wir auch wirklich noch einmal nutzen. Oftmals heben wir Dinge nur auf, weil es uns schwerfällt, sie wegzuwerfen. Schließlich haben sie Geld gekostet und vielleicht sind sie irgendwann noch einmal zu gebrauchen. Doch ich versichere: Genau dieses »irgendwann« kommt garantiert nicht und das Aufheben macht in den meisten Fällen keinen Sinn.

Das Aussortieren und Differenzieren fällt schwer und die Überlegung, wohin diese Dinge sinnvoll weitergegeben werden können, erschwert die Unternehmung. Also legt man die Dinge zur Seite und muss sich einige Wochen später dann doch wieder mit ihnen beschäftigen. Wie uneffektiv und nervend!

Doch was wäre, wenn wir im nächsten Monat umziehen müssten? Würden wir wirklich sämtliche Fachbücher aus dem längst abgeschlossenen Studium einpacken? Oder das gute Geschirr von der verstorbenen Großmutter, das aber so gar nicht dem eigenen Stil entspricht? Lohnt es sich wirklich, Kartons mit Dingen zu packen, die im neuen Heim im Keller landen und Jahre später immer noch dort stehen werden? Wer mit diesen Gedanken sein Hab und Gut betrachtet und Unnötiges weglässt, gewinnt seine Freiheit zurück.

Auf den folgenden Seiten wird es um die einzelnen Bereiche unserer Wohnung gehen. Wir werden Problemzonen finden und diese in Wohlfühlorte verwandeln. Wir werden den Blick auf das Wesentliche richten und uns Gedanken über Konsum machen.

KONSUMRUHE

Beschränkung kann etwas Wunderbares sein, vorausgesetzt, sie ist frei gewählt. In einer Gefängniszelle zu leben ist etwas anderes, als in einem kleinen Wohnwagen. Die Auseinandersetzung mit dem Überfluss in unserem Zuhause ist also nichts anderes als ein Luxusproblem. Ein Problem, das wir nicht hätten, wenn uns Konsum nicht so leicht gemacht werden würde und wir nicht darauf hereinfielen.

Nicht nur durch Ordnung und Loslassen von unnötigem Ballast kommen wir dem Minimalismus ein Stück näher. Sein Konsumverhalten zu überdenken ist dabei ebenso wichtig, um stets die Kontrolle zu wahren und nicht irgendwann wieder von vorne anfangen zu müssen.

Würden wir bewusster einkaufen, wäre unsere Welt ein wenig besser und wir hätten nicht ständig das Gefühl, vom Leben überfordert und erdrückt zu werden. Der Konsumverzicht an sich steht hier allerdings nicht im Vordergrund, sondern schlicht und einfach der Wunsch nach einem entspannten und achtsamen Leben. Einfach besser aufräumen und freier leben! Minimalismus schafft eine entspannte Wohnatmosphäre und lässt den Bewohnern Platz zum Atmen. In einem solchen Umfeld fühlt sich niemand erdrückt von überflüssigen Dingen.

EINFACH ANFANGEN

Um sich von Ballast zu befreien, sollte man sich den Wohnräumen in einer sinnvollen Reihenfolge widmen. Nicht mehrere Baustellen gleichzeitig eröffnen, das hemmt nur die Motivation!

Beginnen Sie, indem Sie mit einem Wäschekorb durch einen Raum gehen. In den Korb kommen nun alle Sachen, die nicht wirklich gefallen, die doppelt oder unnötig sind und wertvollen Platz in der Wohnung blockieren. Erst einmal alle sichtbaren Dinge, dann geht es an den ersten Schrank und sein Innenleben.

In jedem Zimmer, jedem Schrank und jeder Schublade sollte jeder Gegenstand daraufhin überprüft werden, ob er wirklich gebraucht wird. Erleichtert er mein Leben? Macht er mich glücklich? Diese Arbeit soll uns lehren, nur das Nötige und Geliebte aufzubewahren,

← Minimalismus lässt den Bewohnern Platz zum atmen. ↑ Nur was wir wirklich benötigen oder lieben darf bleiben.

denn weniger zu besitzen heißt auch, sich um weniger kümmern zu müssen. Wie bequem!

WOHIN DAMIT?

Nach dem Aussortieren sollten Sie den »Überschuss« zeitnah loswerden. Was defekt ist, wird sofort im Müll entsorgt, viele Gegenstände finden bei Freunden, Bekannten oder hilfsbedürftigen Menschen weitere Verwendung. Andere Gegenstände können im Internet oder auf dem Flohmarkt prima verkauft werden.

Dinge zu verschenken ist immer leichter, als sie zu verkaufen. Geschenke oder Spenden ersparen eine Fahrt zum Wertstoffhof. Wer sich von der Vorstellung verabschiedet, mit aussortierten Dingen das große Geld zu machen, wird zwar nicht reich, aber sehr viel zufriedener.

Wohnzimmer

WOHLFÜHL-
BEREICHE
SCHAFFEN

Ein Zuhause, das sich gut anfühlt

MINIMALISMUS IM WOHNZIMMER

Ein Zuhause soll nicht nur gepflegt aussehen, es soll sich auch für alle Bewohner im Haushalt gut anfühlen. Weniger ist dabei mehr, gerade im Wohnzimmer.

Unser Zuhause hat einen enormen Einfluss auf unser Wohlbefinden sowie auf unsere Lebensqualität. Zu Hause können wir uns zurückziehen, geborgen fühlen und uns vom stressigen Alltag erholen. Eine minimalistische Einrichtung spielt dabei eine große Rolle. Gerade wenn der Alltag von Stress geprägt ist, bringt es Freude, nach Feierabend eine Wohnung zu betreten, die durch einen ansprechenden Mix aus Gemütlichkeit und Modernität begeistert. Wer seine Wohnung minimalistisch einrichten möchte, sollte dennoch achtgeben, dass die Räume nicht zu trist oder zu leer wirken. Die Einrichtung sollte sowohl funktional als auch einladend zugleich wirken.

Ordnung ist eine Frage der subjektiven Wahrnehmung, doch der Haushalt darf einem nicht über den Kopf wachsen, weil zu viel herumliegt. Die richtigen Aufbewahrungsmöglichkeiten zu finden, ist der eine Weg, doch vorher sollten wir immer von Dingen loslassen. Zur Erinnerung: Minimalismus ist keine Askese, sondern eine Beschränkung auf das, was für uns wirklich wichtig ist.

Hinter dem freiwilligen Reduzieren der Dinge steht der Wunsch, mehr Zeit zu haben und ein selbstbestimmtes Leben zu führen. Doch wie kommen wir zu einem Heim ohne unliebsame Ansammlungen? Wie gewinnen wir einen neutralen Blick?

DER NEUTRALE BLICK

Wem es schwer fällt, sein Zuhause mit neutralem Blick zu betrachten, sollte eine Bestandsaufnahme mithilfe eines Fotos vornehmen. Dafür benötigen Sie keine hochwertige Kamera. Machen Sie einfach mit dem Smartphone Fotos von jeder Ecke, aus jedem Blickwinkel. Anhand der Fotos können sie die Problemzonen besser erkennen. Sie werden aber auch in ein paar Wochen sehen, was sich alles verändert hat. Und verändern wird sich durch ein aufgeräumtes Zuhause mit weniger Ablenkung einiges.

Um den eigenen Wohnstil zu finden und reifen zu lassen, sollte man sich Zeit nehmen. Lassen Sie sich darauf ein, was Ihnen gefällt! Ausprobieren und wieder verwerfen ist unbedingt erlaubt! Nur so kann man Erfahrungen machen und ein Gespür für stimmige Kombinationen entwickeln, die auch gefallen.

Minimalismus zeichnet sich unter anderem durch den bewussten Verzicht auf unnötige Gegenstände aus. Das bedeutet aber nicht, Dekorationsartikel grundsätzlich als unnötig anzusehen. Es ist aber an der Zeit, Deko und andere Staubfänger einmal beiseite zu räumen und die eigene Wohnung auf neue Art zu erleben, wie sie grundsätzlich ist.

Der Verzicht auf Unwesentliches schafft Großzügigkeit und Platz für echte Lieblingsstücke! Am Ende entsteht ein stimmiges, nicht zu überladenes Ganzes, in dem sich alle frei bewegen und wohlfühlen können.

QUALITÄT STATT QUANTITÄT

Was sind eigentlich unsere Anforderungen an einen Raum, worin bestehen unsere Bedürfnisse? Welche Möbel passen zum eigenen Typ, zur gegenwärtigen Familiensituation? Wir haben verlernt, auf unsere innere Stimme zu hören, und verbinden mit den meisten Gegenständen in unserem Zuhause keine Emotion mehr. Sie stehen aus reiner Gewohnheit häufig dort, weil sie da schon immer standen oder weil sie ein Geschenk waren.

Wenn wir umziehen, möchten wir alles schnell fertig haben. Wir kaufen häufig die gesamte Einrichtung in ein bis zwei großen Möbelhäusern – und wundern uns später über das fehlende Wohngefühl.

Beim Minimalismus wird die Qualität der Quantität vorgezogen. Weniger hochwertige, qualitativ hochwertige Möbel sind der bloßen Masse vorzuziehen. Und das nicht nur wegen des Wohngefühls, sondern auch, weil diese Gegenstände mit entsprechender Pflege länger halten. Wer sich für zeitlos-moderne Möbel entscheidet und nicht dem neusten Trend hinterherläuft, der wird diese Produkte in absehbarer Zeit nicht ersetzen müssen. Somit werden Ressourcen und auch die Umwelt geschont. Egal, was für das Zuhause benötigt wird: Man sollte sich immer für das qualitativ Beste oder nach eigenem Empfinden »Schönste« entscheiden. Das muss nicht immer das Teuerste sein!

ZUHAUSE »EINKAUFEN«

Wer ein bisschen Abwechslung in seinem Zuhause wünscht, sollte also nicht spontan das nächstbeste Möbelstück kaufen. Lieber erst einmal Platz schaffen für Individualität und den Dingen im eigenen Heim eine neue Funktion geben! Nutzen Sie, was vorhanden ist, indem Sie Gegenständen mit Farbe und veränderten Funktionen neues Leben einhauchen. Aus Alt wird ganz einfach Neu.

Schöne alte Kisten, Stühle oder Regale werden zu neuen Highlights, wenn sie den Platz oder sogar die Farbe wechseln. Der alte Hocker wird zum Beistelltisch. Lackierte Weinkisten, neue Griffe an Kommode oder Schrank verändern das gesamte Bild.

← *Vorhandenen Dingen mit Farbe und andersartigen Funktionen neues Leben einhauchen schafft Individualität.*
→ *Mit Kissenhüllen lässt sich jedes Wohnzimmer leicht verändern: nach Saison oder nach Lust und Laune.*

BELEUCHTUNG

Helle Farben und Licht verleihen Räumen einerseits optische Weite und zugleich eine neutrale Note. Der gezielte Lichteinsatz ist ganz besonders wichtig, denn dieser schafft nicht nur Wärme und Atmosphäre, sondern setzt Reflexe und inszeniert Räume. Viele kleine Lichtquellen sind gemütlicher als eine große Deckenlampe, denn sie zaubern am Abend eine heimelige Wohlfühlatmosphäre.

Für ein mittelgroßes Wohnzimmer werden mindestens drei Lichtquellen gewählt, die je nach Bedarf eingeschaltet werden können. Für noch mehr Gemütlichkeit empfehlen sich Glühbirnen, die warmes Licht abgeben und möglichst bei Bedarf gedimmt werden können. Lampen, die defekt sind, nicht den gewünschten Effekt erzielen oder aufwendig zu reinigen sind, sollten aussortiert werden.

WOHN-TIPPS

1 Jede winzige Kleinigkeit bekommt einen festen Platz.

2 Möbel neu streichen, statt neu zu kaufen. Das verwenden, was schon vorhanden ist, und durch räumliche Veränderung ein neues Bild schaffen.

3 Die richtige Beleuchtung finden: drei oder vier kleineren statt einer großen ungemütlichen Lichtquelle den Vorzug geben.

4 Gruppen bilden aus Dingen, die für einen persönlich eine Bedeutung haben.

5 Eine sparsame, aber gemütliche Möblierung lässt Luft zum Leben und Atmen. Alles, was nicht mehr passt oder geliebt wird, darf aussortiert werden. Danach wirkt der Raum größer, aufgeräumter und erscheint in einem neuen Licht.

SOFAKISSEN

Das Sofa sollte als zentraler Punkt im Wohnraum möglichst zu jeder Tageszeit aufgeräumt sein, besonders, wenn man sich selbst häufig im Raum aufhält oder dort Besuch empfängt. Polster werden von Krümeln und Haaren befreit, Decken zusammengelegt und die Sofakissen aufgeschüttelt. Das lässt den Raum sofort gemütlicher wirken.

Mit dekorativen Kissenhüllen lässt sich jedes Wohnzimmer leicht verändern. Wer alle vier Wochen seine Kissenhüllen wechselt, schafft frischen Wind und ein neues Bild, ohne viel Geld dafür auszugeben.

ZIMMERPFLANZEN

Eine Zimmerpflanze erhöht die Kreativität um gut 45 Prozent. Wissenschaftler haben herausgefunden, dass ein bisschen Grün in der Wohnung glücklicher, kreativer und produktiver macht. Wie wäre es also mit einer pflegeleichten Pflanze statt herumstehender Dekoration? Auch wer keinen grünen Daumen hat, findet ganz sicher Freude an einer pflegeleichten Grünlilie, einem Drachenbaum oder einem Fensterblatt.

PERSÖNLICHE GEGENSTÄNDE

Gemütliche Räume leben von kleinen Stilbrüchen und Gegenständen, mit denen sich positive Gefühle verbinden. Mit Lieblingsobjekten und schönen Fundstücken lassen sich persönliche Akzente setzen, sie laden einen Raum oder eine Ecke positiv auf. Die Gegenstände sollten an etwas Schönes erinnern oder eine Geschichte erzählen. Das kann die alte Truhe sein, die vor dem Sperrmüll gerettet wurde, oder der alte Kinderstuhl, der nun als Beistelltisch fungiert.

Persönliche Gegenstände können wunderbar in Gruppen inszeniert werden. Ruhig und klar wirken sie, wenn man sich auf ein Merkmal konzentriert, zum Beispiel eine Farbgruppe oder ein bestimmtes Material.

EHRENPLÄTZE SCHAFFEN

Wir haben alle unsere Hobbys und Lieblingsstücke – und diese sollten wir nicht verstecken. Lieblingsstücke haben einen Ehrenplatz verdient und eine ungewöhnliche Darstellung erzielt die größte Wirkung. Das können ein Regal für die schönsten Bücher zur Ansicht oder die Gitarre an der Wand sein.

VITRINE

Um Lieblingsstücke zu inszenieren, eignen sich Vitrinen hervorragend. Gutes Geschirr, Kerzenständer und andere schöne Stücke finden darin einen Ehrenplatz. Hier sollte aber unbedingt Ordnung herrschen, denn Glasschränke bieten tiefe Einblicke. Geht es darin chaotisch zu, schaut niemand gerne hin und die Gegenstände kommen nicht zur Geltung.

CHAOS-POTENZIAL

Im Wohnzimmer sammelt sich vieles an, weil es von allen Familienmitgliedern genutzt wird. Hier steht nicht nur der Fernseher, sondern von jedem etwas.

Strickzeug neben dem Sofa, Bücherstapel auf dem Boden, der Korb mit den Decken, das CD-Regal, auf dem Couchtisch achtlos Abgelegtes, Teelichter und Kerzen, Nippes auf dem TV-Schrank, Blumentöpfe und Vasen, Fotoalben, die Spielesammlung ... Nicht nur, aber vor allem im Wohnraum tummeln sich überdies unzählige Dinge, die für Dekorationszwecke gekauft oder einmal als Souvenir im Urlaub ergattert wurden. Da gibt es einiges, was weg kann. An welchen Gegenständen

hängt eine persönliche Erinnerung oder eine Geschichte? Was hat einen besonderen Wert, war ein finanzielles Investment oder ist ein Sammlerstück? Was macht die Wohnung wirklich wohnlicher?

Nur wer regelmäßig aussortiert, verhindert, dass ihm eines Tages der Inhalt von Regalen und Schubladen beim Öffnen entgegenkommt. Es ist jedoch unwahrscheinlich, die Wohnzimmerausstattung an nur einem Tag komplett auf ein Minimum zu reduzieren. In all den Schränken wurden schließlich vielleicht über Jahre hinweg Dinge angesammelt, denen es jetzt an den Krage gehen soll.

Die Trennung von persönlichem Besitz ist eine Herausforderung, die Zeit braucht und nicht überstürzt werden muss. Sie können zunächst damit beginnen, sich von Dingen zu trennen, die Sie im Laufe eines Jahres nicht mehr benötigt haben. Dinge, die Sie selten (einige Male pro Jahr) verwenden, räumen Sie aus dem Sichtfeld und entscheiden später, ob sie noch einen Nutzen haben.

← *Möglichst wenige Dinge auf horizontalen Flächen abstellen, so wirkt ein Raum ruhiger.*
→ *Hinsetzen und abschalten, statt stundenlang aufzuräumen und Platz zu schaffen. Dieses Ziel sollten wir anstreben.*

FREIE OBERFLÄCHEN

Auf Schränken stehen häufig ungenutzte und zugestaubte Kisten, Körbe oder andere Dinge. Kaum ein Anblick erzeugt mehr Unordnung als der Bereich zwischen Schrank und Decke. Sobald hier Leere geschaffen wurde, ziehen bereits Ordnung und Ruhe ein.

Auch auf Fensterbänken und Kommoden tummeln sich gerne Staubfänger, die keinen funktionalen oder emotionalen Wert haben. Die Versuchung ist groß, hier Deko-Elemente zu platzieren, doch wenn man möglichst wenige Dinge auf horizontalen Flächen abstellt, wirkt der Raum sofort ruhiger und es hilft, diese Flächen ordentlich und sauber zu halten.

» Welche Spielesammlungen werden ständig benutzt? Sind sie alle vollständig?

» Werden Zeitschriften und Kataloge an nur einem Ort aufbewahrt und regelmäßig aussortiert?

» Werden die CDs noch gehört und die Filme noch geschaut?

» Wie viele Vasen stehen im Schrank? Welche sind nicht mehr ansehnlich oder werden niemals verwendet?

» Lässt sich auf dem Couchtisch eine Tasse abstellen oder muss dort immer erst Platz geschaffen werden?

» Wird das Strickzeug (oder ein anderes Hobby-Zubehör) ordentlich in einem Korb neben dem Sofa aufbewahrt?

SAMMLUNGEN

Was ist überhaupt eine Sammlung? Wo fängt eine Sammlung an und wo hört sie auf? Berichte über Messies haben den Ruf der Sammler empfindlich geschädigt. Sammeln entzieht den Gegenständen ihren ursprünglichen Nutzen, macht sie zu Dingen, die um ihrer selbst willen bewahrt, gepflegt und geschätzt werden. Daher zeichnen sich echte Sammlungen durch eine innere Ordnung aus und dienen einem höheren Zweck, zum Beispiel der Erhaltung von Kulturgut. Sammeln lassen sich viele Gegenstände von unterschiedlichem materiellem Wert, aus unterschiedlichsten Epochen und aus allen möglichen Themenbereichen. Allein der Sammler selbst weiß um den Wert seiner Sammlung – sei er allgemein verbindlich oder für ihn persönlich gültig.

Echte Sammlungen werden in der Regel vom Sammler liebevoll geordnet und gepflegt. Sammlungen anderer sollte man übrigens lieber nicht »aufräumen«. Scheinsammlungen, also reine Anhäufungen von Gegenständen, können hingegen aufgeräumt beziehungsweise aufgelöst werden. Leider ist die Abgrenzung gegenüber echten Sammlungen nicht immer einfach. Um die Lösung herbeizuführen, stellen Sie sich die Frage: Könnte das alles hier, sinnvoll arrangiert, eine Ausstellung ergeben, sich in einem Museum befinden? Lautet die Antwort »nein«, handelt es sich offenbar um keine Sammlung.

ZEITSCHRIFTEN

Um Ordnung in Berge von Zeitschriften zu bekommen, müssen alle Zeitschriften zusammengesucht und auf einen Stapel gepackt werden. Dabei lässt sich in der Regel schon direkt die Hälfte davon aussortieren. Interessante Seiten werden herausgetrennt und diese an einem verregneten Sonntag nach Rezepten, Geschenkideen oder Reisetipps sortiert. Sie werden in einem Ordner mit Klarsichtfolien abgelegt für den Zeitpunkt, zu dem diese Ideen auch wirklich zum Einsatz kommen. Für die restlichen gut erhaltenen Zeitschriften gibt es immer einen glücklichen Abnehmer in der Familie oder Nachbarschaft.

Für die Zukunft gilt: weniger Zeitschriften kaufen, diese nur an einem Ort aufbewahren und regelmäßig aussortieren.

← *Ein Rollwagen dient zur Aufbewahrung von Büchern und Zeitschriften, sodass man immer alles griffbereit hat.*
→ *In einem rustikalen Leiterregal werden Lieblingsstücke in Szene gesetzt.*

WOHN-TIPPS

1 Nur die wenigsten Bücher haben es verdient, in die Papiertonne geworfen zu werden. Aber man darf Bücher verschenken, verkaufen, tauschen, spenden oder weitergeben.

2 Bücher einfach an einem geeigneten Ort liegen lassen – gibt es in Ihrer Nähe einen öffentlichen Bücherschrank? Hier finden Bücher dankbare Abnehmer.

3 Bücher auf der Kommode? Im Badezimmer? In der Küche? Wer Ordnung in seine Büchersammlung bringen möchte, sollte alle Bücher, die in der Wohnung verteilt sind, an einer zentralen Stelle zum Prüfen und Aussortieren sammeln.

4 Einen großen leeren Karton danebenstellen und los geht's mit dem Aussortieren.

BÜCHERSAMMLUNG

Stapel mit CDs, Schubladen voller DVDs und ellenlange Bücherregale könnte man sich im digitalen Zeitalter dank Laptop und Tablet problemlos sparen. Doch nicht jeder mag E-Book-Reader und viele ziehen das klassische Buch wegen der Haptik von Papier und Einband vor.

Bücher sind etwas Wertvolles, weil sie uns so vieles bieten: Unterhaltung, Wissen, Entspannung und Genuss. Genau deshalb haben viele ein übervolles Bücherregal. Je umfangreicher die Büchersammlung, desto leichter verliert man die Übersicht und umso schwieriger fällt das Ordnunghalten. Irgendwann steht jeder vor der Frage: Darf man Bücher überhaupt wegwerfen?

ORDNUNGSSYSTEM

Bücher, die man mit Sicherheit kein weiteres Mal mehr lesen möchte, die völlig überholt oder veraltet sind (etwa alte Gesetzesbücher), werden aussortiert. Das Regal feucht auswischen, die Bücher aber nur mit einem trockenen Tuch oder Staubwedel säubern.

Nur mit einem System lässt sich später jedes gewünschte Buch finden: alphabetisch geordnet, nach Autoren, Fachgebieten, Themen oder Bindungsart (Taschenbuch oder Hardcover). Große und schwere Bücher gehören in untere Regale, das bringt optisch Ruhe. Das Ordnungssystem muss für einen selber Sinn ergeben.

Für welches System man sich auch entscheidet: Es empfiehlt sich, die Bücher locker ins Regal zu stellen und auf jedem Brett Platz für Neuanschaffungen zu lassen.

← *Boxen, Kisten & Körbe können wunderbare Ordnungshüter sein.* ↑ *Lieblingsstücke einfach mal anders inszenieren & an die Wand hängen.*

ORDNUNGSHÜTER

Beschriftete Boxen, Kisten und Körbe können wunderbare Ordnungshüter sein, wenn man nicht einfach alles in eine Kiste wirft. Werden die Dinge gruppiert und nach Themen sortiert verpackt, erleichtert es die Suche nach Fotos, Bastelkram oder Kabeln. Das spart zudem Zeit.

Mit kleinen Kindern im Haus hilft ein Korb im Wohnzimmer, um am Abend die Spiel-sachen wegzuräumen, um Stolperfallen zu vermeiden und wieder Ordnung zu schaffen.

Kisten oder Körbe sollten besser erst nach einer großen Ausräumaktion angeschafft werden. Truhen sind Möbelstück, Aufbewahrungsbox und Sitzgelegenheit in einem. Im Kinderzimmer sind sie ideal für das Spielzeug, im Schlafzimmer für Decken und Kissen. Von den Kleinen werden sie außerdem gern in Spielsituationen als Auto & Co. einbezogen.

WENIGER KRAM, MEHR LEBEN

Jeder sollte für seinen Kram selber zuständig sein. Es juckt vielleicht in den Fingern, Dinge vom Partner oder von den Kindern ohne Rücksprache zu entsorgen, das sollte aber tabu sein. Um nicht im Chaos zu versinken, können die Sachen, die nicht ins Wohnzimmer gehören, in kleinen Körben gesammelt und auf die Treppe oder vor die entsprechenden Zimmer gestellt werden. Und jeder räumt selbst auf!

FREIE WÄNDE

Gardinen, Vorhänge, Kunstdrucke, Poster, Bilderrahmen... es gibt unzählige Möglichkeiten, die Wände zu verschönern. Aber eine freie Wand beruhigt jedes Interieur und lässt es größer wirken.

Eine minimalistische Einrichtung bedeutet den beschränkten Einsatz von Wandschmuck. Setzen Sie doch ein Lieblingsbild wirkungsvoll in Szene! Das wirkt ästhetisch und belebend.

VERGANGENHEIT

Manchmal ist es die Vergangenheit, die unser Wohngefühl hemmt, weil uns Dinge an etwas erinnern, das wir hinter uns lassen wollen. Sobald wir bei Dingen ein ungutes Gefühl haben, ist es Zeit, uns davon zu verabschieden.

Ob es nun Geschenke oder Unterlagen wie Dokumente und Briefe sind: Trennen wir uns davon, löst sich negative Energie auf und wir sind der Leichtigkeit ein Stück näher. Besitzen wir nur Dinge, die uns ein Lächeln ins Gesicht zaubern, können wir zufrieden wohnen und leben! Lassen wir also los, was uns nicht mehr glücklich macht, und schauen nach vorne.

GESCHENKE

Nicht immer kann der Geschmack des anderen getroffen werden, doch die Geste an sich ist im Grunde genommen viel mehr wert als das Geschenk selber. Jeder Gegenstand hat eine Aufgabe. Hat er diese Aufgabe erfüllt, kann man sich davon trennen.

Ein Geschenk hat die Aufgabe, jemandem eine Freude zu bereiten. Natürlich freut sich der Gebende, wenn das Geschenk gewürdigt wurde. Doch wird es später an jemand anderen weitergegeben, geht ihn das nichts mehr an. Genauso müssen wir nicht Hüter all der Dinge bleiben, die wir irgendwann einmal geschenkt bekommen haben. Wer sich von dem Gedanken befreit, alles behalten zu müssen, kann sich leichter von den Dingen trennen, die ihm eigentlich nicht gefallen.

DEN REICHTUM
EINES MENSCHEN
MISST MAN AN
DEN DINGEN,
DIE ER
ENTBEHREN KANN,
OHNE SEINE
GUTE LAUNE
ZU VERLIEREN.

HENRY DAVID THOREAU

Esszimmer

GEMÜTLICH ESSEN UND TRINKEN

Mit Familie & Freunden genießen

MINIMALISMUS IM ESSZIMMER

*Das ist unser liebster Platz, an dem wir mit unseren Familien und Freunden
zusammenkommen, um wertvolle Zeit und leckere Mahlzeiten miteinander zu teilen.*

← *Das Herzstück eines jeden Esszimmers.* ↑ *Stühle oder Hocker müssen nicht zwangsläufig zusammen passen, auch ein Mix ist schön.*

Der Esstisch ist das Herzstück eines jeden Esszimmers und der Mittelpunkt der Küche. Hier treffen sich Familie und Freunde zum Essen und Klönen. Gerne wird dieser Tisch auch zweckentfremdet: als Ort für Hausaufgaben, als Ablage für großformatige Tageszeitungen, für Bastelstunden oder für gemeinsame Spieleabende und ganz nach Bedarf vieles mehr.

In puncto Kommunikation dürfte der Esstisch wohl das wichtigste Möbelstück sein, denn er gilt als Dreh- und Angelpunkt für das Leben zu Hause. Bei solch einer Frequentierung ist eine ausgesprochen widerstandsfähige Tischplatte von großem Vorteil. Achten Sie bereits beim Kauf eines Esstisches auf nicht zu empfindliches Material des Tisches, insbesondere der Platte. Einen schönen Esstisch dauerhaft unter einer Decke zu verbergen, kann wohl nicht die gewünschte Lösung sein.

➜ *Der Schrank sollte nur die Dinge beherbergen,*
die in diesem Raum auch Sinn ergeben.

Wer einen alten Esstisch aus Holz vom Trödel-markt oder von der Großmutter hat, sollte ihn mit Lasuren, Lacken oder Ölen behandeln. Diese helfen der Oberfläche des Esstischs, sich gegen Feuchtigkeit, Schmutz und Licht zu behaupten. Mit guten Produkten aufgemöbelt erstrahlen alte Möbel in neuem Glanz.

ESSTISCHSCHUBLADE

Einige Esstische verfügen über eine praktische Schublade, in der sich Untersetzer oder Ser-vietten, aber auch Bastelutensilien der Kinder verstauen lassen. Doch gerade solch ein Ge-heimversteck verleitet dazu, unkontrollierba-res Chaos anzurichten. An dieser Stelle sollte man als Erstes Ordnung schaffen. Zunächst wird alles aus der Schublade herausgeholt. Defekte und überflüssige Dinge kommen direkt in den Müll. Sobald die Schublade aus-gewischt wurde, kommen nur Dinge hinein, die hier auch wirklich hingehören.

ÜBERFLÜSSIGES

Was bedeutet »überflüssig« überhaupt? Laut Duden bedeutet »überflüssig« etwas, das für einen Zweck nicht erforderlich und ihm nicht dienlich, daher überzählig und unnütz ist. Zum Beispiel eine überflüssige Anschaffung, überflüssige Worte machen oder überflüssige Pfunde abspecken. In jedem Fall ist es negativ.

Die Synonyme zu »überflüssig« sind sehr zahlreich und reichen von abkömmlich,

entbehrlich, müßig, nicht notwendig, nutzlos, ohne Sinn und Zweck, sinnlos, überschüssig, überzählig, übrig, unnötig, unnütz, verzichtbar bis hin zu zunichts nütze, zu viel, zwecklos.

Damit stehen wir vor einem Dilemma. Was für den einen überflüssig ist, kann für den anderen sehr nützlich sein! Oder um es mit einem englischen Sprichwort zu sagen: »One man's trash is another man's treasure.«

Es wäre also nicht Sinn der Sache, aufzu-zählen, welche Dinge sinnlos und unnütz sind, denn ein anderer hat garantiert Verwendung dafür und würde sich nicht davon trennen. Wir dürfen anfangen, unserem Gefühl zu vertrauen, wenn es ans Aussortieren und Ausmisten geht.

ESSZIMMERSCHRANK

Wer im Esszimmer über einen Schrank in der Nähe des Esstischs verfügt, sollte diesen möglichst nur für Geschirr, Besteck, Gläser, Untersetzer und Servietten verwenden. Hört sich erst einmal logisch an, doch in der Reali-tät sieht es ganz anders aus. Statt kurze Wege zu nutzen, werden diese Schränke zweckent-fremdet.

Was hilft es, wenn in dem Schrank Bierglä-ser stehen, man aber eigentlich Weintrinker ist? Weshalb steht der große Karton mit dem Raclette-Grill in diesem Schrank, obwohl er nur zu Weihnachten benutzt wird? Und die Spielesammlung könnte besser Platz machen für die Pizzateller, die fast jeden Sonntag auf den Tisch kommen.

CHAOS-ECKEN IM ESSZIMMER

Das Geschirr der Großtante, viel Dekoration, zerknitterte Servietten, Kerzen und Duftöle oder vertrocknete Pflanzen am falschen Ort machen unzufrieden.

Eine Kiste mit Kabeln ohne Ende, die ungeliebte Palmen in der Ecke, befleckte, nicht mehr verwendbare Tischdecken, Kram in der hintersten Ecke des Schrankes, vergessene Osterhasen, das nur alle Jubeljahre gebrauchte Bowle-Gefäß – je mehr Platz im Schrank ist, desto mehr sammelt sich leider an.

Wie wäre es denn, einfach alles, was man wirklich braucht, jederzeit griffbereit zu haben, statt immer danach zu suchen? Wie wäre es, vielleicht sogar das kleine Schränkchen, das

einem schon seit so langer Zeit ein Dorn im Auge ist, endlich auf den Sperrmüll zu bringen?

AUSSORTIEREN

Jede Schublade und jedes Schrankfach wird Stück für Stück geprüft. Jeder Gegenstand, der defekt oder überflüssig ist, wird aussortiert. Die aussortierten Sachen kommen entweder direkt in den Müll oder sie können verschenkt werden, falls sie noch brauchbar sind.

Wer sich Gedanken über die Sinnhaftigkeit der vorhandenen Ordnung macht, wird ganz von alleine auf simple Lösungen kommen. Dann werden die tiefen Pasta-Teller, die nie benutzt werden, weil sie nicht in die Spülmaschine passen, an die Schwester verschenkt und die große Bowle-Schüssel kommt auf das Regal im Abstellraum. Schon ist Platz, um die häufig gebrauchten Salatschüsseln aufzubewahren.

← *Ein altes Küchenbüfett wird zum Hingucker, wenn es aufgearbeitet und in einer hübschen Farbe gestrichen wird.*
→ *Sitzgelegenheiten mit Stauraum sind ideale Ordnungshüter.*

CHECKLISTE

1 Der Esstisch als Herzstück hat es verdient, gepflegt und freigehalten zu werden.

2 Eine Esstischschublade wird regelmäßig auf Überflüssiges hin überprüft und davon befreit.

3 Die Vitrine oder das Küchenbüffett ermöglichen kurze Wege und beinhalten all die Ding, die man zum Tischdecken benötigt.

4 Auf Stoffservietten umzusteigen ist nachhaltiger, als Papierservietten im Überfluss zu benutzen.

5 Geschirr und Gläser stehen stets in ausreichender Zahl zur Verfügung.

6 Alltagsbesteck hält man in einem hübschen Krug für den schnellen Zugriff bereit.

REINIGEN

Gegenstände oben auf dem Schrank oder auf der Kommode werden weggeräumt, um die Flächen sauber zu machen und bequem sauber zu halten. Sämtliche Schubladen, Schränke und Regale werden gesäubert, ebenso wie die Fensterbank. Nur was hierhin gehört, bleibt.

MÖBEL MIT STAURAUM

Ob in Flur, Küche oder Esszimmer – Sitzgelegenheiten mit Stauraum sind ideale Ordnungshüter und perfekt für den kleinen Wohnraum. Mit diesen Helfern verschwindet alles unauffällig aus dem Blickfeld. Eine Kiste mit Deckel kann gleichzeitig Hocker und Versteck für Kissen, Decken oder andere gerade unbenutzte Sachen sein.

← *Offene Regale sollten nicht unordentlich vollgestellt werden.* ↑ *...wenn man alles im Blick hat.*

Alles, was man nicht sieht, neigt auch dazu, vergessen zu werden – und es blockiert eventuell Platz für Wichtigeres. In den Schränken und Schubläden des Esszimmers also regelmäßig nach Überflüssigem Ausschau halten. Im Idealfall wird dort nur das gelagert, was regelmäßig benutzt wird. Das können auch Bastelutensilien oder Kissenhüllen sein.

AUFBEWAHREN

Manche selten benutzten Dinge lohnen auch, aufbewahrt zu werden. Wer zum Beispiel oft

Gäste hat, kann auf Geschirrsets und eine umfangreiche Gläsersammlung nicht verzichten. Pappgeschirr zu kaufen oder ständig beim Nachbarn fehlende Tassen oder Messer auszuleihen, ist keine Alternative.

Ist im Esszimmerschrank kein Platz dafür, werden diese Sachen in einer Box (mit Deckel) im Abstellraum oder im Keller aufbewahrt – zusammen mit dem Raclette-Grill, der nur an Weihnachten benötigt wird, oder dem Waffeleisen, das im Sommer niemand verwendet. Die Hauptsache ist, zu wissen, wo diese Dinge griffbereit ausgelagert wurden, um im Bedarfsfall schnell darauf zugreifen zu können.

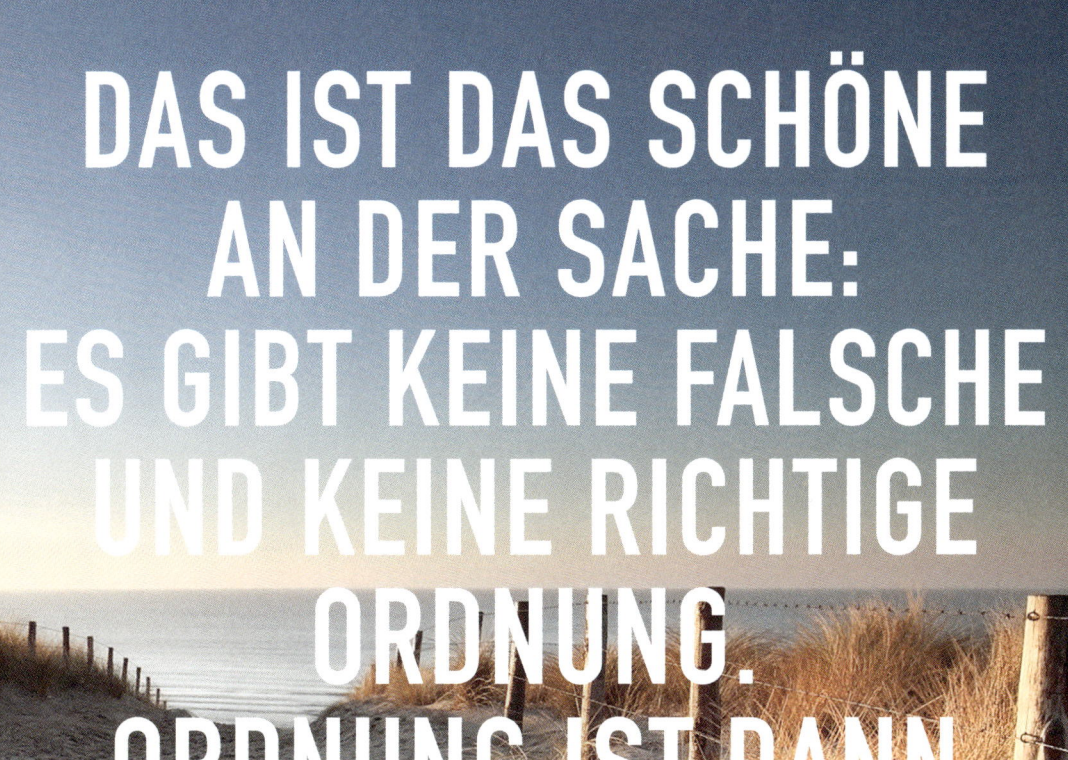

DAS IST DAS SCHÖNE
AN DER SACHE:
ES GIBT KEINE FALSCHE
UND KEINE RICHTIGE
ORDNUNG.
ORDNUNG IST DANN
GUT, WENN ES
SICH FÜR DICH
GUT ANFÜHLT
UND DU DAMIT
GLÜCKLICH BIST!

Küche

SO MACHT UNS DAS KOCHEN SPASS

Im Nu leckere Mahlzeiten zubereiten

MINIMALISMUS IN DER KÜCHE

*Schluss mit zugestellten Arbeitsflächen, Platzmangel und abgelaufenen
Lebensmitteln. Platz schaffen und gern kochen, bequem genießen und leicht leben!*

Minimalismus bedeutet mehr, als einen Küchenschrank leer zu räumen. Minimalismus ist ein Prozess, sich von Illusionen und kurzfristigen Einkaufsglücksgefühlen – auch bei Lebensmitteln – zu verabschieden. Minimalismus setzt eine Auseinandersetzung mit uns selbst voraus und ist die Beantwortung der Frage, ob wir all diese Dinge in der Küche und Resultate kurzfristiger Einkaufsglücksgefühle überhaupt benötigen.

Was brauchen wir nun wirklich? Minimalismus in der Küche kann helfen, uns die täglichen Abläufe leichter von der Hand gehen zu lassen, Geld zu sparen und sogar uns besser zu ernähren. Ein generell umsichtiges Handeln in der Küche führt zu einem umsichtigen Umgang mit Lebensmitteln, denn ungesunde Ernährung passt nicht in dieses Lebenskonzept. Dementsprechend kaufen wir ein und bereiten unsere Mahlzeiten zu. Auch mit weniger Zutaten und einer einfachen Zubereitung kommt ein leckeres Essen auf den Tisch – das wussten schon unsere Großmütter. Wer nachhaltig leben möchte, kauft lieber frisch, saisonal und möglichst verpackungsfrei. Wer in diesem Bereich Inspiration braucht, sollte nach Literatur über Slow Food und Clean Eating Ausschau halten.

LEERE ARBEITSFLÄCHE

Eigentlich ganz simpel: Um eine freie Arbeitsfläche zu schaffen, muss in Schränken Platz sein, um Gegenstände darin zu verstauen.

Sind die Schränke bereits voll, heißt es, nach und nach seinen Besitz durchzugehen und sich folgende Gedanken zu machen: Brauche ich das noch? Wenn ja, wie häufig? Ist es zweckmäßig untergebracht und gut zugänglich? Funktioniert es noch? Liegt mir noch etwas daran? Bereite ich Mahlzeiten damit zu und ist es hilfreich oder gar unverzichtbar? Kann ich es entsorgen? Oder möchte ich es behalten? Wenn ja: Wo bringe ich es sinnvoll unter, wo nutzt es mir und ist nicht im Weg?

Von je mehr Dingen wir uns befreien, die nur verwahrt statt benutzt werden, desto mehr Platz haben wir für die Dinge, die häufig in Gebrauch sind. Desto sinnvoller können wir dann unsere Umgebung gestalten. Es geht nicht darum, alles zu verstauen, sondern darum, Platz für Wichtiges zu gewinnen! Die Arbeitsfläche auf Dauer komplett frei zu halten kann im Alltag schwierig werden. Es wird immer etwas geben, das auf der Arbeitsfläche steht, sei es nun die Kaffeemaschine oder der Wasserkocher, die täglich verwendet werden, seien es Essig und Öl, die täglich zum Kochen in Griffweite sein sollten. Diese Dinge müssen griffbereit sein, um das Alltagsleben einfacher zu gestalten. Für alles andere sollte ein besserer Platz gefunden werden.

KÜCHENSCHRANK

Öffnet man die Schränke ungern, um sich eine Tasse oder einen Teller zu nehmen, weil man von der Fülle der Gläser und Schüsseln

↑ *Minimalismus in der Küche kann helfen, dass einem die täglichen Abläufe leichter von der Hand gehen.*

erschlagen wird, ist es dringend Zeit, etwas zu ändern. Viele Dinge werden selten oder gar nicht benutzt, weil sie keinen echten Nutzen haben, unschön sind oder alt. Manches gefällt einfach nicht mehr.

Ein bisschen umzuräumen oder hin- und herzuschieben, hilft in der Küche nicht. Um zu optimieren, muss auf jeden Fall minimiert werden. Utensilien, die nicht mehr gebraucht werden, gehören nicht in die Schränke. Für eine

sinnvolle Ordnung muss Platz und Struktur in den Schränken geschaffen werden.

SAUBERE SPÜLE

Eine polierte Spüle kann Wunder wirken. Vielleicht nur kleine Wunder, aber immerhin: Sie hebt die Stimmung, setzt die ganze Küche in ein gutes Licht und motiviert, weiter Ordnung

↑ *Auf Dauer eine komplett leere Arbeitsplatte zu haben, kann schwierig werden.*

zu schaffen. Das gleiche gilt für ein frisch geputztes Fenster, das für Durchblick sorgt und von außen gepflegt wirkt.

Dies ist die perfekte Routine: Nach dem Essen den Tisch abräumen und diesen feucht abwischen, regelmäßig die Spülmaschine befüllen und anstellen, alle ein bis zwei Tage die Spüle polieren. Mit einem guten Reinigungsmittel geht das sehr schnell und ohne Anstrengung. Kleiner Einsatz – große Wirkung!

PUTZSCHWÄMME

Bakterienträger Nummer eins sind Putzschwämme. Diese sollten unbedingt regelmäßig ausgetauscht oder gewaschen werden. Ideal sind hochwertige Küchentücher, die sich bei 60 Grad in der Waschmaschine waschen lassen. Lieber einmal in ein paar gute Tücher investieren, statt billige Handtücher, Trockentücher und Spültücher zu kaufen.

CHAOS-ECKEN IN DER KÜCHE

Durch Kochdünste und Krümel verschmutzen Küchenschränke und Schubladen unweigerlich. Regelmäßiges Großreinemachen ist besonders in der Küche ein Muss.

Die Tasse vom letzten Städtetrip, als Erinnerung an den Kindergarten oder gar die ohne Henkel, nie verwendete Eierbecher, ungeliebte Kochbücher, der hässliche Brotbehälter aus Keramik, das Fischmesserset, viel zu viele Plätzchenausstecher, unschöne Tischsets, unzählige Auflaufformen, die Espressotassen – jetzt werden die Schränke ausgeräumt und von solchen Störenfrieden befreit, die wertvolle Platzreserven blockieren.

AUSSORTIEREN

Wo soll ich anfangen? Auf diese oft gestellte Frage antworte ich immer: LINKS. Einen Schritt in die Küche tun und mit dem beginnen, das links steht. Von oben nach unten arbeiten, einen Schritt weitergehen und wiederholen.

Der Inhalt jeder Schublade, jedes Schrankfachs wird auf seine Daseinsberechtigung kontrolliert. Aussortierte Produkte kommen entweder direkt in den Müll oder in einen großen Karton, um sie zu verkaufen oder zu verschenken.

REINIGEN

Ist das jeweilige Schrankfach leer, wird es feucht ausgewischt. Erst dann bekommen Dinge, die bleiben, ihren Platz. Schweres nach unten, Gläser stehen in Griffhöhe für die Kinder, damit sie den Tisch decken können.

Wer seine Schubladen regelmäßig aussortiert und auswischt, hat am Ende viel weniger Arbeit, als wenn er erst mit dem Putzen beginnt, wenn schon alles klebt. Das gilt natürlich für den gesamten Haushalt: Leichte

← *Auf die Arbeitsplatte gehört nur, was man auch täglich bei der Zubereitung von Mahlzeiten verwendet.*

→ *Hat man alles übersichtlich und griffbereit, macht die Arbeit in der Küche Spaß.*

Verschmutzungen werden immer sofort entfernt, um sich später nicht mit hartnäckigen Fälle aufhalten zu müssen.

LEBENSMTTEL

Abgelaufene Lebensmittel werden aussortiert. Knapp abgelaufene Lebensmittel sind manchmal noch gut und können am nächsten Tag in die Menüplanung integriert werden. Lebensmittel werden am besten wie im Supermarkt thematisch zusammengestellt. Lose Lebensmittel sind in Gläsern oder Dosen gut aufgehoben und sollten darin verschlossen aufbewahrt werden. Die Grundregel beim Einsortieren von neuen Lebensmitteln lautet: Neu Gekauftes kommt im Regal oder in der Schublade nach hinten, bald Ablaufendes nach vorn. So kann nichts schlecht werden.

1 Schubladen und Schränke ausräumen und feucht auswischen.

2 Nie benutzte Küchenutensilien aussortieren, auch wenn sie einmal teuer waren.

3 Defekte oder angeschlagene Küchengeräte, Geschirr und Gläser aussortieren und nicht als Reserve aufbewahren. Nur behalten, was wirklich gefällt!

4 Das Besteck gehört in der Küche in einen Besteckeinsatz.

5 Die Arbeitsplatte leer räumen, reinigen und gut überlegen, was täglich griffbereit sein muss.

6 Es gibt keine richtige oder falsche Ordnung! Ordnung ist dann richtig, wenn sie für Sie Sinn ergibt und Dinge nicht mehr kreuz und quer verteilt sind.

↑ *Wenige hübsche Bilder oder eine gut sortierte ordentliche Messerleiste an der Wand sind die Zierde jeder Küche.*

KÜCHENGERÄTE

Ananasschneider, Waffeleisen, Handmixer, Pürierstab, Fondue-Set, Eierkocher, Raclette-Grill, Entsafter, Reiskocher, Milchaufschäumer, Handstaubsauger, Babykost-Erwärmer, Fritteuse, Folienschweißgerät, Dörrautomat, Zuckerwattemaschine, Bratenthermometer, Wassersprudler, Brotbackautomat, Eis-Crusher, Salatschleuder, Küchenwage, Wasserkocher,

Zitruspresse – die Liste der Haushaltsgeräte ist in vielen Haushalten unendlich lang!

Wem beim Kücheaufräumen so ein sperriges Gerät in die Hände fällt, sollte sich fragen: Wie oft wird es benutzt? Kann ich mir das eventuell auch bei der Nachbarin ausleihen? Würde sich die Nachbarin vielleicht gar darüber freuen? Wenn man seinen Besitz wirklich minimieren möchte, dann fällt einem für solche Fälle garantiert eine Lösung ein.

VORRATSDOSEN

Vorratsdosen sind aus kaum einem Haushalt wegzudenken, denn sie sind wirklich praktisch. Leider verschwinden Deckel auf mysteriöse Weise und tauchen nie wieder auf. Bald hat sich eine Schublade mit Dosen ohne Deckel und eventuell sogar noch eine Schublade mit Deckeln gefüllt, die zu keiner der Dosen passen. Diese Schublade darf also gründlich bereinigt werden. Hier wird aussortiert!

Bewahren Sie Dosen ineinander gestapelt in einer Schublade auf und legen sie die Deckel nach rund und eckig sortiert dazu. Für überschaubare Dosensammlungen ist dies die perfekte Lösung, bei umfangreicheren funktioniert eine andere, aber ebenfalls strukturierte Lösung.

SPÜLMASCHINE NUTZEN

Wie hat man es früher nur ohne Geschirrspülmaschine ausgehalten? Heutzutage besitzt fast jeder Haushalt eine, also sollte man sie auch nutzen! Schmutziges Geschirr immer direkt in die Maschine einräumen und sauberes Geschirr immer direkt in den Schrank stellen. Wer mit der Hand abwaschen muss, sollte lieber jeden Tag ein bisschen erledigen und das Geschirr nicht tagelang stapeln und antrocknen lassen.

Damit die Küche einen sauberen Gesamteindruck macht, sollten die Arbeitsfläche, der Tisch und das Spülbecken von Krümelresten und Glasrändern befreit werden. Nicht zu vergessen der Herd: Er sollte ebenfalls abgewischt werden, denn angetrocknete Reste der Tomatensauce neben der Kochplatte sind unhygienisch und unästhetisch.

CHECKLISTE

» Bringen all die Geräte wirklich Arbeitserleichterung und Freude?

» Wo können diese Geräte sinnvoll verstaut werden?

» Welche Geräte liegen in der hintersten Ecke des Schrankes? Und wie lange schon?

» Haben alle Dosen noch einen passenden Deckel? Oder kann auch hier ein Teil aussortiert werden?

» Wird die Spülmaschine immer direkt ein- und ausgeräumt?

» Alle Spülutensilien stehen immer diskret parat.

» Sind die Dinge, die wir besitzen, den zeitlichen und finanziellen Aufwand, den wir für diesen Besitz betreiben, wirklich wert?

GEWÜRZE

Wer gerne kocht, freut sich über ein offenes Gewürzregal, um alles schnell griffbereit zu haben. Ordentlicher sieht es aus, wenn dort einheitliche Gläser stehen. Diese müssen nicht viel Geld kosten, oft haben Smoothie-Flaschen die perfekte Größe. Um den Inhalt vor Licht zu schützen, werden die Gläser mit dunklem Papier beklebt und dieses dann beschriftet.

KÜHLSCHRANK

Das mit der Ordnung im Kühlschrank ist eine Never-Ending-Story – aber wir versuchen beständig, dieses Ziel zu erreichen! Empfohlen wird theoretisch, den Kühlschrank einmal im Monat feucht auszuwischen und neu zu sortieren. Dafür wird alles aus dem Kühlschrank

geholt und auf den Tisch gestellt. Was davon muss wirklich im Kühlschrank stehen? Es gibt viele Sachen, die sich außerhalb des Kühlschranks sogar besser halten. Zum Beispiel Tomaten, Avocados, Zwiebeln, Kartoffeln, Brot oder Honig, die anderweitig lagern.

Abgelaufene Sachen werden sofort weggeworfen und alles Angebrochene oder mit nahendem Ablaufdatum sollte kurz notiert und idealerweise in den nächsten Essensplan integriert werden. Der leere Kühlschrank lässt sich schnell mit einem feuchten Tuch und einem milden Reinigungsmittel putzen – dazu sei aus Hygienegründen geraten, auch wenn man den Kühlschrank nicht für schmutzig hält.

Je mehr Lebensmittel im Kühlschrank gelagert werden, desto geringer ist der Luftaustausch beim Öffnen der Tür. Dadurch kann weniger warme Luft beim Öffnen der Kühlschranktür eintreten (und auch weniger kalte Luft austreten). Das verhindert ein zusätzliches Absenken der Temperatur und verringert damit den Stromverbrauch.

Also: Den Kühlschrank sortieren und sauber machen, dann erst für das Wochenende einkaufen gehen! Am besten im Kalender notieren, den Kühlschrank in vier bis acht Wochen wieder zu reinigen.

FAMILIENORDNER

Ein postkarten- und notizzettelfreier Kühlschrank macht einen viel ordentlicheren Eindruck. Alle Zettel und Bilder abnehmen und

← *Gemütlich essen und trinken und das Leben genießen!*
→ *Durchsichtige Deckelgläser zeigen, was in ihnen steckt.*

ANLEITUNG

1 Gekochte Speisen erst abkühlen lassen, bevor sie in den Kühlschrank kommen.

2 Neu gekaufte Vorräte hinten in den Kühlschrank stellen, ältere Lebensmittel zuerst verbrauchen.

3 Die Kühlschranktür nie zu lange offen stehen lassen – das kostet unnötig kostbare Energie!

4 Lebensmittel immer an derselben Stelle aufbewahren, um unnötiges Suchen zu vermeiden.

5 Nie mehr Lebensmittel besorgen, als tatsächlich zeitnah gegessen werden. Frisch und regional kochen sowie darauf achten, nichts wegwerfen zu müssen.

6 Lieber kleinere Portionen kochen, bevor Lebensmittel im Müll landen.

in einem kleinen Karton kurz beiseitestellen, dann den Kühlschrank abwischen. Informationszettel von Kindergarten, Schule, Sportverein über Ausflüge und geplante Aktionen bis hin zu den aktuellen Telefonlisten und dem neuen Stundenplan können an einem zentralen Ort, nach Familienmitgliedern oder der Reihenfolge der anstehenden Termine geordnet, aufbewahrt werden. So behält man einen viel besseren Überblick, als wenn all diese Informationen am Kühlschrank hängen. Auch Gutscheine, Tickets, Einladungen, Putzpläne, Notfallnummern und ähnliches sind in diesem Ordner besser aufgehoben als an der Pinnwand oder der Kühlschranktür. Ein Ordner für die gesamte Familie, in dem alles abgeheftet ist oder in Klarsichtfolien steckt, bedeutet, Informationen zu finden, bevor man sie suchen muss. Ein gutes Gefühl – und sehr zeitsparend.

WENN DU DEIN LEBEN LANG EINSAMMELST, WANN WILLST DU DAS GESAMMELTE GENIESSEN?

ARABISCHES SPRICHWORT

Schlafzimmer

ABSCHALTEN
UND
KRAFT TANKEN

Rückzugsort vom hektischen Alltag

MINIMALISMUS IM SCHLAFZIMMER

Das Schlafzimmer ist der wichtigste Rückzugsort vom hektischen Alltag.
Er sollte eine Oase der Ruhe sein, die dazu einlädt, die Seele baumeln zu lassen.

Ruhe und Ordnung erfährt nur, wer sich von vielen störenden Faktoren verabschiedet. Chaos-Ecken, Ansammlungen unter dem Bett, in Zimmerecken oder auf dem Kleiderschrank haben im Schlafzimmer absolut nichts zu suchen. Koffer und Kartons sollten ausgelagert und im Keller aufbewahrt oder eben komplett aufgelöst werden, um optisch Ruhe und Ordnung im Schlafzimmer zu schaffen.

Lieben, leben, schlafen – ein sparsam eingerichtetes Schlafzimmer ohne Ablenkungen ist wichtig, denn nur so entsteht dort eine entspannte oder schlaffördernde Atmosphäre.

Wer im Schlafzimmer auch einen Arbeitsplatz unterbringen muss, sollte beim Einrichten des Raumes darauf achten, dass der Blick vom Bett nicht direkt auf den Schreibtisch oder Arbeitsplatz fällt. Auf der anderen Seite sind Disziplin und Routine bei der Arbeit alles. Wenn der Raum zur Ruhe kommt, stellen sich auch diese ein.

Ansonsten braucht es nur ein gemütliches Bett, einen ordentlichen Kleiderschrank und ruhige Farbtöne, um jeden Abend gut einzuschlafen und am Morgen in einer Oase der Ruhe aufzuwachen.

DAS BETT

Das wichtigste Möbelstück im Schlafzimmer ist natürlich das Bett. Selbst wenn man den Bezug einer Matratze waschen kann (was gerade bei kleinen Kindern von enormem Vorteil ist) – irgendwann ist es an der Zeit, eine neue Matratze zu kaufen, damit das Bett auch wirklich zu einem guten, tiefen Schlaf beiträgt. Eine Matratze muss ausgetauscht werden, sobald sie keinen ausreichenden Liegekomfort und keine vertretbare Betthygiene mehr bietet. Dem Rücken und der Gesundheit zuliebe sollte über eine Neuanschaffung unbedingt nachgedacht werden, wenn die Matratze eine Liegekuhle aufweist, älter als sechs bis acht Jahre (bei preiswerten Matratzen) oder älter als zehn bis zwölf Jahre (bei hochwertigen Matratzen) ist.

Die richtige Anordnung von Möbeln kann Einfluss auf die Qualität des Schlafes haben. So sollte das Bett am besten mit dem Kopfende an einer Wand stehen und nicht direkt zwischen Tür und Fenster. Auch ein gemachtes Bett verleiht dem ganzen Schlafzimmer eine aufgeräumte, ruhige Note.

BETTWÄSCHE

Frische Bettwäsche fördert einen entspannten Schlaf. Es wird kaum jemanden geben, der dies nicht bestätigen kann. Doch wie viel Bettwäsche braucht ein Mensch? Ganz einfach: eine Garnitur frisch aufgezogen, eine in der Wäsche, eine im Schrank. Alles, was darüber hinaus in den Schränken aufbewahrt wird, ist Überfluss und blockiert wertvollen Stauraum.

Entscheiden Sie sich immer für ein ruhiges, unaufgeregtes Dessin ohne exzentrische Muster und in sanften Farben, um das Auge zu beruhigen.

UNTER DEM BETT

Leider befinden sich unter vielen Betten wahllos darunter geschobene Koffer, Plastiktüten oder Taschen mit Kleidung. Sachen also, die man »mal eben schnell wegräumen« wollte. Wer über eine Unterbettkommode oder Schubladen unter dem Bett verfügt, kann sich glücklich schätzen, denn dort ist wertvoller Stauraum. Von einem heillosen Chaos unterm Bett ist dringend abzuraten und die Anschaffung von mobilen und stabilen Unterbettboxen ist eine Investition wert. Also einmal alles unter dem Bett hervorholen und staubsaugen. Nur das gut verpackt unter das Bett räumen, was zur Bettausstattung gehört, etwa die Winter-/Sommerdecken. Sobald das abgeschlossen ist, gleich den Bettrahmen abwischen, das Kopfteil reinigen und das Bett neu beziehen.

← Ein sparsam eingerichtetes Schlafzimmer ohne störende Faktoren. ↑ Eine verlockende Oase der Ruhe!

KORBTRUHE

Klarer Vorteil von Seemannskisten, Schatz-
truhen und riesigen Koffern: Dort lässt sich
einfach alles hineinwerfen – Klappe zu! Doch
ganz so einfach ist das nicht. Gerade Truhen
sind tatsächlich unpraktisch, wenn man Dinge
benötigt, die ganz unten liegen. Nach dem
Aussortieren geht es ans sinnvolle Einräumen:
Was oft gebraucht wird, liegt oben.

STRESSFAKTOREN

Fernseher, Smartphone, Tablets, iPods – Unter-
haltungsmedien und Ablenkungen rund ums
Bett beeinträchtigen den Schlaf-Wach-Rhyth-
mus. Bis auf den Wecker sollten elektronische
Geräte aus dem Schlafzimmer verbannt werden. Entspannender ist, am Abend noch ein
paar Seiten zu lesen, statt auf einen Bildschirm
zu starren.

CHAOS-ECKEN IM SCHLAFZIMMER

Das Schlafzimmer ist der Ort der Erholung. Ihm sollten wir bezüglich Ordnung und Sauberkeit besondere Aufmerksamkeit widmen, um sie erlangen zu können.

Der Stuhl, auf dem getragene Kleidung abgelegt wird, Schuhe unter dem Bett, Kartons mit Büchern, Staubsauger und Wischmop hinter der Tür, das alte Fitnessgerät, Taschen mit aussortierte Kleidung und vielleicht sogar ein Arbeitsplatz: Im Schlafzimmer wird gerne abgestellt, was erst einmal aus dem Weg muss oder für das es keinen anderen Platz gibt.

Wie schön wäre es, wenn sich all dieses Chaos in Luft auflösen würde und Klarheit, Ordnung und Helligkeit herrschen würde!

Das ist gar nicht so schwer und das Schöne: Vom Ergebnis sind Sie am Ende selbst begeistert. Für unser Wohlbefinden sollte es uns wert sein, uns einmal zu einer kleinen Aktion aufzuraffen – wir haben lange etwas davon. Also nichts wie ran an die Arbeit.

AUSSORTIEREN

Alles, was direkt ins Auge fällt, wird unter die Lupe genommen. Die Stapel neben dem Bett, die Sachen auf dem Schrank oder der Fensterbank. Alle Oberflächen sollten freigeräumt werden, um sie reinigen zu können. Gehören diese Dinge wirklich hierher? Auch Bilder, Fotos oder Poster sollten im Schlafzimmer mit Bedacht gewählt werden: Auf ruhige Wände zu schauen, wirkt entspannend.

Alles sollte genau inspiziert und möglichst minimiert werden. Dinge, bei denen man sich unsicher ist, sollten ausgelagert werden.

← *Frische Bettwäsche fördert einen entspannten Schlaf.*
→ *Auf dem Nachttischschränkchen hat Unordnung nichts zu suchen, wohl aber eine Nachttischlampe.*

REINIGEN

Ist das Schlafzimmer aufgeräumt, liegt nichts mehr auf dem Boden und der Staubsauger kommt problemlos auch in die hinterste Ecke. Jetzt werden noch die Betten frisch bezogen und das Nachttischschränkchen abgestaubt.

KLEIDERBERG

Kleidungsstücke, die noch gewaschen werden sollen, werden gerne am Abend auf einen Stuhl geworfen. Am Ende der Woche hat sich ein großer Berg Kleidung angesammelt (diesen Berg findet man auch gern auf dem Badewannenrand oder der Kommode im Schlafzimmer). Schmutzwäsche gehört direkt in den Wäschekorb, noch saubere Sachen werden zum Lüften auf einen Bügel gehängt.

» Elektronische Geräte aus dem Schlafzimmer verbannen – nur der Wecker darf bleiben!

» Abends ein paar Seiten zu lesen statt auf den Bildschirm zu starren, hilft dem Körper, in die Ruhephase zu kommen.

» Ruhige, unaufgeregte Bettwäsche wählen und alle zwei Wochen wechseln, um Keimen und Milben keine Chance zu geben.

» Kissen und Decken zweimal im Jahr waschen oder reinigen lassen sorgt für Sauberkeit.

» Bilder reduzieren, sodass man auf ruhige Wände schaut.

» Nach dem Aufstehen nicht sofort mit einer Tagesdecke abdecken, damit keine Feuchtigkeit in Bettzeug und Matratze zieht.

← *Extra Kleiderständer sind ideal für bereits getragene Kleidungsstücke.* ↑ *Keine Schmutzwäsche im Schlafzimmer!*

KLEIDERWECHSEL

Es gibt Menschen, die sich mehrmals am Tag an- und umziehen, je nach Anlass – morgens fürs Büro, nachmittags für die Kinder, abends fürs Kino. Natürlich sind diese Kleidungsstücke nach nur wenigen Stunden des Tragens nicht wirklich schmutzig. Aber dann sollten sie separat von anderem aufgehängt und auch möglichst zeitnah noch einmal getragen werden.

Getragene Kleidung gehört auf keinen Fall in den Kleiderschrank zurück, es sei denn, man hat einen eigenen Bereich dafür. Auch wenn die Kleidung nach wenigen Stunden noch sauber erscheint: Unser Körper sondert Hautpartikel ab, wir haben ein wenig transpiriert – da wären diese Kleidungsstücke direkt neben den frischen Sachen einfach fehl am Platze. Ideal für Anzüge und Co., die mehrmals getragen werden, sind extra Kleiderständer oder Türhaken für die Schlafzimmertür.

Was im Schlafzimmer nichts zu suchen hat, ist der (transportable!) Korb für Schmutzwäsche. Er würde nur das Schlafklima stören und steht idealerweise im Badezimmer oder dort, wo die Wäsche gewaschen wird.

MINIMALISMUS IM KLEIDERSCHRANK

*Wohlfühlen statt Wühlen. Wie man mit weniger Kleidung im Schrank immer
noch prima auskommt, zu mehr Gelassenheit findet und damit Zeit und Geld spart.*

← *Übersichtlichkeit schafft man nur, indem man die ungeliebten Dinge loslässt.* ↑ *Klare Struktur sorgt für leichte Auswahl.*

Ein Minimalist zu sein, bedeutet nicht, keinen Sinn für Mode zu haben. Minimalismus im Kleiderschrank bedeutet, Kleidungsstücke zur Verfügung zu haben, die untereinander zu vielen Ensembles kombinierbar sind.

Ein minimalistischer Kleidungsstil kommt nie aus der Mode, denn statt in kurzlebige Modetrends investiert man lieber in hochwertige Stücke, die zeitlos sind und einfach immer gut aussehen.

Wer sich nicht ständig Gedanken um sein Outfit machen muss, spart Zeit bei der Kleiderwahl, Geld beim Shoppen und letztendlich auch wertvolle Ressourcen in der Produktion.

Sich von Kleidungsstücken zu trennen, fällt schwer. Wer weiß, ob er diese Kleidung nicht doch noch einmal gebrauchen könnte? Vielleicht passt die zu klein gewordene Jeans im nächsten Sommer ja wieder? Zugegeben, an manchen Stücken hängen wir.

↑ *Loslassen ist eine Übung, die Regelmäßigkeit erfordert.*

Wer realistisch ist, muss zugeben, dass er diese Sachen auch in drei oder vier Jahren nicht tragen wird. Also weg damit – vielleicht freut sich ein anderer Mensch darüber. Die Zeiten sind wirklich vorbei, in denen wir Kleidung aufbewahren, weil sie vielleicht irgendwann wieder passen könnte. Ein Kleiderschrank sollte kein Endlager sein!

Können Sie sich nicht mehr erinnern, wann Sie ein Kleidungsstück das letzte Mal getragen haben? Dann ist wohl die Zeit gekommen, um »goodbye« zu sagen. Sobald Sie sich von alten Kleidern, Schuhen und Accessoires getrennt haben, sehen Sie schon viel klarer. Nun ist endlich genügend Platz im Schrank für Ordnung mit System. Das Loslassen muss regelmäßig geübt werden. Aber auf Dauer kauft jeder viel bewusster ein und geht Fehlkäufen aus dem Weg. Man lernt wertzuschätzen, was man hat. Selbst Menschen, die über scheinbar penibel geordnete Kleiderstangen verfügen, sind vor schleichendem Chaos nicht geschützt. Gerade bei Ankleidezimmern, riesigen Kleiderschränken und Kommoden heißt es, sich grundlegende Gedanken zur Struktur zu machen. Nehmen Sie jedes Kleidungsstück einmal in die Hand, um es zu begutachten.

BESTANDSAUFNAHME

Der Kleiderschrank samt allen Schubläden und Fächern wird komplett ausgeleert. Zu jedem einzelnen Stück stellen Sie sich die Fragen: Was trage ich gerne und häufig? Welche Farben und Schnitte gefallen mir und stehen mir auch gut? Worin fühle ich mich wohl? Diese Kleidung bleibt im Schrank.

AUSSORTIEREN

Was steht mir nicht? Was trage ich nie? Was trage ich ungern? Worin fühle ich mich nicht wohl? All diese Sachen, in denen man sich nicht wohl fühlt, die einen nicht glücklich machen, kommen weg. Löchrige Socken, ausgeleierte Shirts und unbequeme Schuhe werden sofort entsorgt.

Auch von Schuhen, die unbequem oder nicht mehr zu reparieren sind, darf man sich trennen. Jeder hat tendenziell viel mehr Schuhe, als er braucht, und will sie meist alle behalten. Für eine minimalistische Garderobe reichen ein paar wenige, aber wirklich gute Schuhe.

Beinhaltet der Kleiderschrank nur Kleidungsstücke, die gut sitzen und gefallen – echte Lieblingsstücke also –, dann kann man morgens herausholen, was man will, und fühlt sich den ganzen Tag damit wohl.

SHOPPING-TIPPS

1 Vor dem Shoppen am besten aufschreiben, was wirklich gebraucht wird, und dann auch nur das ganz gezielt kaufen.

2 Frustshoppen und Belohnungskäufe ebenso vermeiden wie Spontan- oder Schnäppchenkäufe. Lieber in ein schönes Café setzen, bevor die nächste »Schrankleiche« in der Tasche landet!

3 Trendkäufe sind ähnlich fatal wie Frust- und Belohnungskäufe – sie sollten vermieden werden. Wer sich nicht sicher ist, schläft lieber eine Nacht darüber und überlegt, ob das Stück zum restlichen Schrankinhalt passt.

4 Auf gute Materialien achten. Naturfasern sind langlebig, Synthetik hingegen riecht schnell muffig und ist unangenehm auf der Haut.

EINSORTIEREN

Zurück in den Schrank dürfen all die Sachen, die passen, sauber und in einem guten Zustand sind, im Laufe des letzten Jahres getragen wurden, in denen man einfach gut aussieht und sich gut fühlt.

Es ist wichtig, die Kleidungsstücke zu gruppieren, ob nach Art des Kleidungsstücks oder nach Anlass, Hauptsache, es gibt ein erkennbares System wie etwa Saisonware, Businesskleidung, Freizeitkleidung oder Sportkleidung. Wer die Kleidung an der Kleiderstange außerdem nach Farben sortiert, bringt noch mehr Ruhe in den Schrank – sieht nicht nur toll aus, sondern vermeidet auch langes Suchen.

ORDNUNGSHÜTER

Durchsichtige Plastikboxen mit Deckeln, die zudem stapelbar sind, eignen sich hervorragend für Sommer- oder Wintersachen, die aktuell nicht benötigt werden. So lassen sie sich auch im Keller oder auf dem Dachboden bis zum nächsten Einsatz aufbewahren.

Um zu verhindern, dass Kleinigkeiten im dunklen Nirvana des Kleiderschranks verschwinden, können Sie auf Organizer für das Schrankfach oder simple Schuhkartons zurückgreifen. In ihnen können etwa Socken und aufgerollte Gürtel aufbewahrt werden.

KLEIDERBÜGEL

Einheitliche Kleiderbügel im Schrank sorgen optisch für Ordnung und sehen einfach schöner aus. Hochwertige Bügel schützen unsere Kleidung und vermeiden, dass sie ständig vom Bügel rutscht. Wer seine Kleidung auf die Anzahl der vorhandenen Kleiderbügel begrenzt,

hat zugleich ein Alarmsignal im Schrank: Ist kein Kleiderbügel mehr frei, muss wieder etwas entsorgt werden.

Um zu überprüfen, welche Stücke »Schrankhüter« sind, werden die Bügelhaken aller Kleidungsstücke in eine Richtung gedreht. Kommt frisch gewaschene Kleidung zurück in den Schrank, wird der Haken des Kleiderbügels umgedreht. Nach einigen Monaten wird ersichtlich, welche Kleidungsstücke nicht angerührt wurden und somit aussortiert werden können.

FÜR DIE ZUKUNFT

Wenn der Kleiderschrank ausgemistet wurde, darf er nicht so schnell wie möglich wieder aufgefüllt werden. Lieber einmal tief durchatmen und all die verbliebenen Kleidungsstücke bewusst wahrnehmen und einsetzen. Genießen Sie das wunderbare Gefühl, nur noch Lieblingsstücke im Schrank hängen zu haben. Fehlen noch bestimmte Stücke, um ein Outfit abzurunden, werden diese Wünsche aufgeschrieben, um sie ganz gezielt einzukaufen. So kauft man Dinge, die getragen werden, und sagt später nicht bedauernd: »Das hat mich so angelacht.«

Setzen Sie auf die 75/25-Regel. Diese Regel besagt, dass 75 Prozent der Kleidung aus zeitlosen Klassikern in neutralen Tönen wie Schwarz, Weiß, Blau und Beige bestehen sollten. Dagegen sollten It-Pieces, Gemustertes und Trendfarben nur 25 Prozent des Schrankinhaltes ausmachen. So stehen mehr Stücke, die sich leicht miteinander kombinieren lassen und lange Freude machen, zur Verfügung.

↑ *Einheitliche Kleiderbügel bringen optische Ordnung und sehen schöner aus.*

CAPSULE WARDROBE

Ein interessantes Konzept für einen minimalistischen Kleiderschrank ist die sogenannte »Capsule Wardrobe«. Das Prinzip: nur wenige, aber wichtige Teile im Kleiderschrank zu haben, die gut kombinierbar und zeitlos sind. Alle drei Monate, also saisonal, wird die Capsule Wardrobe neu arrangiert – nur wenn wirklich etwas fehlt, wird es dazugekauft. Gerade nicht benötigte saisonale Kleidung wird gelagert und zur richtigen Zeit wieder in die Garderobe integriert – um sie ganz bewusst neu zu entdecken und zu kombinieren.

SCHAUFENSTER

Behandle den Inhalt deines Kleiderschrankes so, als wäre er die Auslage in einem Geschäft. Falte T-Shirts ordentlich und stapele sie dann übereinander, hänge Blusen und Kleider nach Größe oder Farbe sortiert an die Kleiderstange und schichte BHs wie im Wäscheladen Körbchen in Körbchen. So hast du jeden Morgen das Gefühl, dir in einem exklusiven Laden etwas Hübsches aussuchen zu können. Sortiere frisch gewaschene Sachen immer unter den Stapel. So rotiert die Kleidung und es gibt ein bisschen Abwechslung.

↑ *Es muss nicht immer ein Kleiderschrank sein. Auch ein offenes System kann eine Lösung sein.*

KONSUM

Damit der Kleiderschrank minimalistisch bestückt bleibt und in einigen Monaten nicht wieder aus allen Nähten platzt, hilft es, sich vor jedem Kauf nach dem Grund des Kaufs zu fragen und welches Teil man ersetzen möchte. Auf diese Weise wird weniger und bewusster gekauft.

QUALITÄT STATT QUANTITÄT

Ein weiser Spruch besagt: »Wer billig kauft, kauft zweimal.« Verabschieden Sie sich von minderer Qualität und kurzlebiger Mode. Nur Stücke von guter Qualität halten lange und landen nicht so schnell im Müll. Sie bleiben lange en vogue und Sie haben lange viel Freude daran.

Lieber eine gute weiße Bluse, als vier Blusen in minderer Qualität, in denen man sich nicht wohlfühlt.

TEXTILPFELEGSYMBOL

Jedes Kleidungsstück enthält einen Einnäher mit Textilpflegesymbolen, die Sie sich vor dem Kauf anschauen sollten, um gute Materialien zu finden. Häufig getragene Teile sollten pflegeleicht sein und in der Waschmaschine bei 30–40 Grad gewaschen werden können. Muss ein Kleid zur professionellen Reinigung gegeben werden, lässt sich damit im Alltag sicher besser leben, als wenn das zarte Stück immer per Hand gewaschen werden muss.

COST PER WEAR

Die CPW-Formel steht für »cost per wear«. Das bedeutet, je öfter ein Teil getragen wird, desto niedriger wird sein CPW-Wert. Der Preis des Kleidungsstücks wird geteilt durch die Anzahl der Tage, an denen es getragen wird.

Wird ein Wintermantel für 300 € mindestens 60 Mal getragen, so kostet jedes Tragen 5 €. Wird aber eine an sich günstige Bluse für 30 € nur 3 Mal getragen und bleibt dann im Schrank hängen, dann kostet jedes Tragen dieser Bluse 10 €. Die Frage ist also: Wie oft werde ich die Kleidung tragen? Wie lange wird sie halten? Zu wie vielen Gelegenheiten werde ich dieses Stück anziehen können?

SCHMUCKSTÜCKE

Auch der Schmuckkasten sollte neu sortiert und minimiert werden. Weg mit dem billigen Modeschmuck, der allergische Reaktionen auslöst. Wenn etwas offensichtlich wertlos ist, kann es gleich entsorgt werden. Wertvolles prüft der Juwelier und nennt einen Preis. Wer mag, verkauft es und spart das Geld.

Fällt das Loslassen sehr schwer: Alles in eine kleine Schachtel legen, im Kleiderschrank verstauen und in einem Jahr noch einmal darüber nachdenken – und entscheiden.

↑ *Kleidung nach Farbe sortiert erleichtert das Leben.*

IN DER BESCHRÄNKUNG ZEIGT SICH ERST DER MEISTER.

JOHANN WOLFGANG VON GOETHE

Badezimmer

BADEN,
WASCHEN,
WOHLFÜHLEN

Die tägliche Routine erleichtern

MINIMALISMUS IM BADEZIMMER

*Um das Badezimmer in eine private Wohlfühloase zu verwandeln, frei von
unzähligen Tuben, Fläschchen und Utensilien, muss man sich von einigem trennen.*

Im Badezimmerschrank stehen zehn verschiedene Körperlotionen, verschiedene Bürsten liegen herum und das Parfüm, das schon so lange dort steht, duftet schon gar nicht mehr. Einmal im Badezimmer richtig loslassen und sich von allem Überfluss zu verabschieden, erzielt eine große Wirkung. Gewinnen Sie einen Überblick, reduzieren Sie das Kosmetiksammelsurium – das ist der beste Weg zu Minimalismus, freier Bewegung und Wohlbefinden im Badezimmer. Zeit bei der Morgentoilette spart es auch.

Wer sich einmal von dem Gedanken gelöst hat, dass die vielen Produkte Geld gekostet haben, wird sich sehr viel freier fühlen. Es ergibt keinen Sinn, Produkte, mit denen man nicht zurechtkommt, nur deshalb aufzubewahren.

Ein Minimalist verzichtet nicht automatisch auf Pflegeartikel, Schminke oder ein gutes Parfüm. Er/sie ist jemand, der/die für seine/ihre Gesichtspflege die idealen Produkte gefunden hat und diese neu kauft, kurz bevor sie leer sind. Mehrere Alternativen oder Proben sind dann nicht mehr nötig. Minimalisten beschränken sich auf wirklich notwendige Reinigungsartikel im Badezimmer und sortieren unnötige Dekostücke aus, um sie nicht Woche für Woche zum Putzen beiseite zu schieben.

NACHHALTIGKEIT

Minimalismus und Nachhaltigkeit gehen Hand in Hand, was im Badezimmer relativ einfach umzusetzen ist. Naturkosmetik ist leicht selber herzustellen, aber auch das Angebot in den Geschäften lässt kaum noch Wünsche offen. Wer sich einmal dazu entschlossen hat, nicht nur sich selbst, sondern auch der Umwelt etwas Gutes zu tun, wird merken, wie einfach das ist.

Minimalismus im Badezimmer spart Geld: Es werden nicht mehr unzählige Lippenstifte oder Shampoos im Vorbeigehen mitgenommen, man muss auch nicht jeden Trend mitmachen. Bewusst und überlegt einzukaufen macht es überdies leichter, seinem Typ treu zu bleiben.

MINDESTHALTBARKEITSDATUM

Nicht nur Lebensmittel haben ein Mindesthaltbarkeitsdatum, sondern auch Kosmetik. Leider wird dies häufig vergessen oder missachtet. Die meisten Produkte sollte man nicht noch Jahre nach dem angegebenen Datum benutzen. In Flüssigkeiten können sich Keime ansammeln, Parfüm verfällt nach drei Jahren und verdorbenes Augen-Make-up oder Mascara können ernsthafte Augenentzündungen verursachen.

Fragen Sie sich doch einmal, wenn Sie sich in Ihrem Badezimmer umschauen: Macht es Sinn, all diese Produkte so lange aufzubewahren, wenn Sie sie ohnehin nicht benutzen? Wie in allen anderen Bereichen gilt auch für ein minimalistisches Badezimmer: So wenig wie möglich, so viel wie nötig.

Besonders an Naturkosmetik, die weniger bis keine Konservierungsstoffe enthält, sollten keine großen Vorräte, sondern nur das im Haus sein, was auch wirklich verwendet wird. Abgelaufene Kosmetik gehört unbedingt in den Müll, denn sie schadet am Ende der Haut.

Ratsam ist, zweimal im Jahr zu festen Terminen seine Kosmetik genauer unter die Lupe zu nehmen und zu entscheiden, ob man sie überhaupt noch weiter verwenden möchte.

Wer von jedem Produkt nur eins hat, behält einen besseren Überblick über seinen Schrankinhalt. Also immer erst aufbrauchen, dann nachkaufen.

DEKORATION

Alles, was im Badezimmer herumsteht, muss auch abgestaubt und geputzt werden. Ist es

das wirklich wert? Sind diese Dinge wirklich schön? Hat die Dekoration einen praktischen Nutzen (zum Beispiel zur Aufbewahrung von Wattestäbchen oder Haarspangen), dann ist nichts gegen sie einzuwenden. Doch getrocknete Blumen, eine Entensammlung auf dem Badewannenrand oder Nippes auf der Fensterbank haben eindeutig ausgedient. Wer sich hier von unnötigem Ballast befreit, wird nicht nur mit einem Ort der Entspannung und Ruhe belohnt. Auch die wöchentliche Reinigung eben dieses Bereiches wird sehr viel schneller von der Hand gehen. Statt neue Dekoration zu kaufen, lieber in hübsche Handtücher oder eine duftende Kerze investieren und die Schlichtheit genießen.

BÜRSTEN

Auch Bürsten werden alt – und wie viele Ausführungen braucht man wirklich? Die meisten Bürsten wurden gekauft, weil die vorherige nicht zufriedenstellend war, also kann diese auch gleich entsorgt werden, anstatt sie aufzubewahren. Sie würde nie wieder verwendet.

Das gleiche gilt selbstverständlich für Kämme. Sie sollten im Übrigen nach einer Weile ausgetauscht werden, damit sie das Haar nicht beschädigen. Ausgeleierte Haargummis und zerbrochene Haarklammern können ebenfalls entsorgt werden.

← *Ein Haken für jedes Familienmitglied – für mehr Übersichtlichkeit bei allen Dusch- und Handtüchern.*
→ *Pflanzen im Bad sorgen für ein deutlich besseres Raumklima und setzen natürlich-frische Akzente.*

ANLEITUNG

1 Alles hat seinen Platz und kehrt nach Gebrauch wieder direkt dorthin zurück.

2 Es gibt keine richtige oder falsche Ordnung. Doch je weniger auf einer Ablage steht, desto schneller ist man mit dem Putzen fertig. Ruckzuck ist alles sauber!

3 Feuchte Handtücher gehören immer an einen entsprechenden Halter und sollten nicht auf dem Boden liegen.

4 Föhn und Glätteisen lassen sich (nach dem Abkühlen) an einem Haken hinter der Tür oder an der Duschwand aufhängen.

5 Wer jeden Morgen das Bad so verlässt, als würde er Besuch erwarten, kann sich am Abend selber über Ordnung und Sauberkeit freuen. Man fühlt sich wie im Urlaub.

HANDTÜCHER

Wie viele Handtücher braucht ein Haushalt? Jemand, der oft schwimmen oder in die Sauna geht, braucht selbstverständlich mehr Handtücher als jemand, der sich nur unter die Dusche stellt.

Ein Handtuch für den Körper, eins für die Haare und eins für die Hände. Ein Handtuch in Gebrauch, eins in der Wäsche und eins in Reserve – das sollte mehr als genug sein. Werden neue Handtücher gekauft, können die ältesten direkt aussortiert werden. Achten Sie darauf, Handtücher in guter Qualität zu kaufen – sie sind nicht nur weich, sie haben mehr davon.

Aussortierte Handtücher werden in die Schwimmtasche gepackt oder in den nächsten Urlaub mitgenommen. Wer aussortierte Handtücher gerne zu den Putzlappen legt, sollte sich zuvor überlegen, wie viele Putzlappen er wirklich braucht.

CHAOS-ECKEN IM BAD

Im Badezimmer gilt es, Sachen auszusortieren, die zu lange herumlagen und nicht mehr zu verwenden sind. Diese Aufgabe ist in wenigen Stunden zu schaffen.

AUSSORTIEREN

Jede Schublade und jedes Schrankfach wird Stück für Stück geprüft und jedes Produkt, das eines der nebenstehenden Merkmale erfüllt, wird aussortiert. Die aussortierten Produkte kommen direkt in den Müll – Unangebrochenes, noch Haltbares kann an Freunde und Bekannte weitergegeben werden. Auch Proben dürfen weg, wenn sie nicht innerhalb der nächsten drei Tage verwendet werden.

REINIGEN

Dann werden die Regale und Schubladen gesäubert, ebenso wie Badewanne, Dusche und Fensterbank. Erst dann wird jedem Teil ein Platz zugewiesen, vielleicht auch jedem Familienmitglied eine eigene Schublade, um den Zugriff zu erleichtern – und jeden in die Pflicht zu nehmen.

FRAGEN

Wer sich schwer damit tut, Platz im Badezimmerschrank zu schaffen, stellt sich zu jedem Produkt folgende Fragen: Hat das Produkt viel Geld gekostet, aber nichts gebracht? Steht es nur herum und wird nicht benutzt? Ist es abgelaufen oder eingetrocknet? Habe ich es bereits in einer anderen Ausführung? Bei nur einem »Ja« kann das Produkt bedenkenlos aussortiert werden. Das gleiche gilt für Putzmittel: Braucht man wirklich drei Bad- und fünf Küchenreiniger? Eine Basisausstattung mit Neutralreiniger und Essig reicht völlig aus.

← *Feuchte Handtücher gehören immer an einen entsprechenden Halter und nicht auf den Boden.*
→ *Alles sollte seinen Platz haben und nach Gebrauch auch wieder dorthin zurück.*

CHECKLISTE

Diese Produkte können das Badezimmer verlassen:

» Proben, die sicher nicht kurzfristig verwendet werden.

» Geräte, die nicht mehr benutzt werden, wie die alte Bürste oder der alte Föhn.

» Alles, was abgelaufen oder eingetrocknet ist, etwa Nagellack, Duschgelreste und Sonnencreme aus dem letzten Sommer.

» Produkte, die doppelt und dreifach vorhanden sind, wie die dritte Nagelfeile oder Bodylotion.

» Alles, was nur herumsteht und einstaubt, wie alte Parfümflakons oder Dekoartikel.

» Teure Artikel, die nicht das gewünschte Ergebnis erzielt haben.

FÜR DIE ZUKUNFT

Ab jetzt heißt es: Sonnencreme, Haarspray, Bürsten und Co. im Badezimmerschrank verstecken und nur ausgewählte, attraktive Beauty-Produkte aufstellen. Das erleichtert das Putzen und erfreut das Auge. Produkte sollten immer gruppiert und Kleinigkeiten in Taschen oder Körben verstaut werden. Alle Familienmitglieder sollten wissen, wo alles zu finden ist.

Je regelmäßiger im Badezimmer Ordnung geschaffen wird, desto schneller ist sie jedes Mal wiederhergestellt! Wer sich über ein übersichtliches Badezimmer freut, wird auch zukünftig Impulskäufen angesagter Kosmetika widerstehen. Kaufen Sie nur Produkte, die sich bereits bewährt haben. Auch die Haut freut sich darüber, wenn sie sich nicht ständig auf neue Inhaltsstoffen einstellen muss.

ELEKTROGERÄTE

Rasierapparate, Glätteisen, Föhn – im Badezimmer tummeln sich gerne defekte oder
unbenutzte Elektrogeräte, ohne dass es einem
bewusst ist. Sie liegen meist ganz unten in der
Schublade oder hängen schon immer hinter
der Tür. Unbedingt einen Blick darauf werfen
und zeitnah zum Wertstoffhof bringen. Das
spart nicht nur Platz, sondert mindert auch
Verletzungs- und Unfallrisiken. Vor einer Neuanschaffung die Frage stellen: Benutzen wir
das Gerät wirklich?

SONNENCREME

Auch wenn Sonnenschutz ein Mindesthaltbarkeitsdatum hat, sollte nach Ende des Sommers
immer individuell geprüft werden, ob die Sonnencreme wirklich bis zum nächsten Jahr kühl
und trocken überwintern kann. Der Lichtschutz
lässt zwar nicht komplett nach, kann sich aber
reduzieren, wenn die Tube lange in der Sonne
gelegen hat oder Verschmutzen aufweist; dann
können sich in der Creme Keime und Bakterien
gebildet haben. Das Risiko, die Haut zu reizen
oder einen Sonnenbrand zu bekommen, ist es
nicht wert.

HERKÖMMLICHE KOSMETIK

Denken Sie doch einmal über Ihre Pflege-
routine nach: Manchmal ist das Mittel der
Wahl zu Minimalismus im Badezimmer, auf
herkömmliche Kosmetik zu verzichten. Anstatt
auf eine Flasche Shampoo zwei Flaschen Spü-
lung als Extra-Portion Pflege zu verwenden,
lieber versuchen, Naturkosmetik- Shampoo zu
benutzen. Das Haar muss sich vielleicht einige
Wochen umstellen, weil der Silikonfilm fehlt.
Die Belohnung kann aber sein, gesundes und
schönes Haar zu haben.

NACHHALTIGKEIT

Pads und Abschminktücher gibt es aus Bio-
Baumwolle und anderen natürlichen Materialien. Sie lassen sich wunderbar reinigen
und wiederverwerten. Nach dem Benutzen
kommen sie einfach in die Waschmaschine.
Das spart nicht nur viel Geld, sondern auch
Plastikmüll. Wer noch einen Schritt weiter
gehen möchte, sollte sich über Menstruations-
tassen informieren. Im Internet gibt es viele
Informationsseiten zu diesem Thema.

GUTE ÖLE NUTZEN

Öle sind hervorragende Alleskönner, die in
nachhaltigen Glasflaschen zu kaufen sind.
Ölivenöl eignet sich als Haarmaske, Arganöl
strafft die Haut und mildert Fältchen. Distel-
und Sonnenblumenöl eignen sich gegen Haut-
unreinheiten, ziehen gut in die Haut ein und
hinterlassen keinen glänzenden Film. Kokosöl
versorgt die Haut mit Feuchtigkeit, lindert
Juckreiz und kann sogar zum Abschminken
verwendet werden.

ZIERPFLANZEN

Pflanzen im Bad sind nicht nur dekorativ, sondern sorgen auch für ein deutlich besseres Raumklima. Anstatt Fensterbank oder Badewannenrand mit kleinteiliger Dekoration voll zu stellen, die jede Woche sauber gemacht werden muss, sollte besser in eine schöne Palme investiert werden.

Das Badezimmer ist der ideale Standort für so manches Gewächs. Besonders Pflanzen, die aus den Tropen oder Subtropen stammen, finden hier ideale Voraussetzungen und das Grün macht das Bad gleich viel wohnlicher. Wer über reichlich Licht im Badezimmer verfügt und blühende Pflanzen im Bad bevorzugt, kann Orchideen aufstellen. Allerdings mögen sie es nicht, wenn es durchgehend wärmer als 21 Grad ist. Für Bäder gut geeignete Pflanzen, die bei einer hohen Luftfeuchtig-

keit gedeihen, sind klassische Farngewächse oder Bromelien. Bei der Auswahl der Pflanzen sollte man besonders die im Badezimmer herrschenden Lichtverhältnisse beachten und sich von einem Fachmann beraten lassen. Die meisten Pflanzen sind sehr pflegeleicht.

HAUSAPOTHEKE

Noch wichtiger als bei Kosmetik ist das Mindesthaltbarkeitsdatum bei Medikamenten. Hier sollte unbedingt alles entsorgt werden, was angebrochen ist und das Haltbarkeitsdatum überschritten hat, ebenso Medikamente, die nicht mehr zu identifizieren sind.

Ein- bis zweimal pro Jahr sollte die Hausapotheke kontrolliert, bereinigt und wieder aufgefüllt werden. Dabei werden abgelaufene Medikamente, ausgelaufene Cremes, Pflaster, die nicht mehr haften, oder Nasenspray-Fläschchen, die fast leer sind, entsorgt.

Der Inhalt der Hausapotheke sieht bei jedem ein bisschen anders aus. Manche Familien besitzen zum Beispiel schon kein Fieberthermometer, haben dafür aber immer eine Notfallpackung Läusemittel in der Hausapotheke stehen. Doch bestimmte Arzneimittel, die bei leichten Erkrankungen Linderung verschaffen oder bei ernsteren Krankheitsfällen die Wartezeit bis zum Arzttermin überbrücken helfen, sollten unbedingt im Haus sein – gerade für Kinder sollte die Hausapotheke gut bestückt sein.

← *Was für eine Wohltat, wenn nichts Überflüssiges herumsteht und Platz genug für die Toilette ist.*
→ *Ein freies Waschbeck erleichtert die wöchentliche Putzroutine. Es sieht zudem adrett aus.*

RICHTIGE AUFBEWAHRUNG

Die Medikamente in der Hausapotheke sollten trocken, dunkel und kühl gelagert werden. Das Badezimmer ist nicht der richtige Ort dafür, denn dort ist es zu feucht und zu warm. Am besten werden Medikamente kindergesichert im Schlafzimmer, im Flur oder in der Abstellkammer deponiert.

Übersichtlich sind Medikamente in einem stabilen Medizinschrank aufgehoben. Ideal dafür sind abschließbare Schränkchen, die es auch in Apotheken zu kaufen gibt. Es reicht aber auch ein schlichter Karton, der im Schlafzimmer im verschlossenen Kleiderschrank steht. Pflaster müssen nicht in der Hausapotheke untergebracht werden, sie liegen immer griffbereit in der Küchenschublade.

» Verschreibungspflichtige Arzneimittel immer nur für die Dauer der Behandlung in der Hausapotheke lagern, dann in der Apotheke abgeben.

» Präparate, bei denen das Haltbarkeitsdatum abgelaufen ist oder die schon länger als ein halbes Jahr angebrochen sind, gehören entsorgt.

» Medikamente am besten in der Originalverpackung und mit Beipackzettel aufbewahren. So sind alle wichtigen Informationen zu den Arzneimitteln parat und Verwechslungen ausgeschlossen.

» Auf der Verpackung das Datum notieren, zu dem das Medikament geöffnet wurde.

» Augentropfen und Nasensprays nach der Anwendung wegwerfen.

EINFACHHEIT IST DAS RESULTAT DER REIFE.

FRIEDRICH SCHILLER

Kinderzimmer

WENIG SPIELZEUG, WENIG STRESS

Immer mit gutem Vorbild voran

MINIMALISMUS IM KINDERZIMMER

Wir können uns noch so viel Mühe und Acht geben, was ins Haus kommt, Kinder vergrößern automatisch den Haushalt. Doch Minimalismus ist auch hier möglich.

← Minimalismus ist auch im Kinderzimmer möglich.   ↑ Die Erstlingsausstattung muss gar nicht so üppig ausfallen.

Beim Kinderzimmer gerät die Umsetzung des minimalistischen Lebens an Grenzen. Kein Wunder, denn Kinder haben ihre eigenen Bedürfnisse und Wünsche, die sich von denen der Erwachsenen unterscheiden und die nicht völlig unterdrückt werden können und dürfen. Ist es also überhaupt möglich, in diesem Bereich minimalistisch zu leben?

Ja, es ist in der Tat möglich, nur sollte das Kinderzimmer der letzte Ort sein, an dem der Minimalismus Einzug hält. Erst, wenn Eltern ihre Küche, den Kleiderschrank und das Wohnzimmer in den von ihnen gewünschten Zustand versetzt haben, sollte das Kinderzimmer dran sein. Minimalismus im Kinderzimmer funktioniert nur, wenn Eltern selber davon überzeugt sind, dass ein Leben mit weniger einfacher ist. Sie müssen dieses Konzept bewusst und glaubhaft vorleben. Überflüssiges wird mit dem Kind zusammen aussortiert.

Nur wer dieses Lebenskonzept verinnerlicht hat, kann es auch von seinen Mitmenschen einfordern. Nicht nur Kinder, auch Partner können dagegen rebellieren. Wer sich davon aber nicht abschrecken lässt und einfach mit dem Minimieren seiner eigenen Siebensachen anfängt, wird spüren, wie sich seine Mitmenschen überzeugen und davon anstecken lassen.

GUTES VORBILD

Kinder orientieren sich an unserem Verhalten, nicht an unseren Worten! Deshalb wird das Modell »Führen durch Vorbild« Erfolg versprechen. Nicht nur im Berufsleben, sondern auch in Familien ist die Aussage von großer Bedeutung. Es heißt so schön, Kinder seien Spiegelbilder ihrer Eltern. Wieso also sollten sie nicht in ein entspanntes Spiegelbild schauen?

Aufräumen ist in Familien ein heikles Thema und Ordnung zu schaffen hat oft eine negative Konnotation. Es wird mit Schimpfen, Drohungen und Druck verbunden. Von Kindern wird erwartet, dass sie ihr Zimmer aufräumen. Doch haben die Eltern ihnen überhaupt jemals beigebracht, wie man das richtig macht?

GEMEINSAM

Eltern sollten als Vorbild agieren und regelmäßig gemeinsam mit ihren Kindern deren Sachen sortieren. So sehen und verstehen Mädchen und Jungen, wie Ordnung funktioniert und wie angenehm es sein kann, Sachen zu finden, statt vergebens zu suchen.

Eltern sollten das Aufräumen nicht als immer wiederkehrendes Streitthema auf den Tisch bringen, sondern Druck herausnehmen – gemeinsames Aufräumen kann tatsächlich Spaß machen, wenn die Großen es spielerisch aufziehen und die Kleinen früh einbeziehen.

AUFRÄUMROUTINE

Bevor also der Minimalismus ins Kinderzimmer einziehen kann, sollten Eltern eine Aufräumroutine etablieren und den Kindern auf sanfte Art beibringen, welche Vorteile Ordnung hat. Kinder verstehen so vieles!

Ordnung ist nichts, was einmal gemacht und damit für immer erledigt ist. Ordnung zu schaffen und zu halten, ist ein stetiger Prozess.

← *Aufräumen kann Spaß machen, wenn man den Druck und die Erwartung herausnimmt.*
→ *Minimalisten konzentrieren sich lieber auf ihren Nachwuchs, nicht auf den Konsum von Kinderartikeln.*

ANLEITUNG

1 Eine ordentliche Umgebung schafft Ruhe und Zufriedenheit, Platz für kreative und gemütliche Stunden. Deshalb: jeden Abend den Boden frei räumen, um Stolperfallen zu vermeiden.

2 Kinder wollen in ihrem Zimmer spielen, lernen und schlafen. Um das tägliche Spielzeugchaos im Griff zu behalten, gibt es nur ein Rezept: reichlich praktischen Stauraum und konsequentes Aufräum-Training.

3 Verregnete Nachmittage, an denen alle ohnehin zu Hause und drinnen bleiben, zum Aufräumen und Aussortieren nutzen.

4 Weniger (Spiel)zeug bedeutet weniger Stress: Spielzeugkisten rotieren lassen, immer wieder etwas zeitweise »verschwinden« lassen!

So, wie wir regelmäßig das Badezimmer putzen müssen, so müssen wir auch immer wieder aufs Neue Ordnung schaffen. Die Arbeit ist allerdings wesentlich schneller erledigt, wenn nicht alles vollgestellt ist und wenn wir sie regelmäßig tun. Wer sich einen Gefallen tun möchte, sollte also selbst ein Mindestmaß an Ordnung halten, damit sich Kinder davon etwas abschauen können. Es geht darum, gemeinsame Routinen zu entwickeln, um sich das Leben so einfach wie möglich zu machen– nicht um das ordentlichste Zimmer.

Wichtig ist, Kinder immer mit einzubeziehen und sie mit entscheiden zu lassen: Was ist defekt und kann in den Müll? Was ist noch gut, kann aber vielleicht verschenkt werden, weil es nicht mehr verwendet wird? Wenn wir unseren Kindern mehr Verantwortung für bestimmte Bereiche übergeben, haben wir weniger Stress. Haben wir doch Vertrauen!

Eine ordentliche Umgebung schafft innere Ruhe,
entspanntes Spiel und Zufriedenheit.
Mit dem Spielzeugauto durch die Wohnung. ➜

SPIELZEUGTAUSCH

Ein guter Ansatz, mehr Ordnung im Kinderzimmer zu schaffen ist, Spielzeug nach
Themen in Kisten zu sortieren und diese
Kisten rotieren zu lassen. Nie alle Kisten auf
einmal im Zimmer stehen lassen, sondern
eine Kiste anbieten. Alles, was gerade nicht
so interessant ist, kann für eine Weile in den
Keller oder in den Abstellraum. Nach einer
Weile werden die Kisten getauscht und länger
nicht Gesehenes ist wieder interessant. Löst
der Inhalt einer Kiste keine Begeisterung aus,
kann man diese Sache bedenkenlos endgültig
im Sinne der Nachhaltigkeit verkaufen oder
verschenken. Unverzüglich entsorgt wird alles,
was defekt oder nicht mehr zu gebrauchen ist.

KINDER UND KONSUM

Noch bevor das erste Kind überhaupt auf der
Welt ist, fängt es schon an: Baby-Badewanne,
Laufstall, Wippe, Heizstrahler, Stubenwagen,
Babykost-Erwärmer, Heizstrahler, Schnuller-
Sterilisator müssen gekauft werden, wenn
sich ein Baby ankündigt. Oft ist schon ein
komplettes Zimmer eingerichtet, lange bevor
der neue Erdenbürger das Licht der Welt
erblickt hat.

Natürlich setzt eine Art Nestbautrieb ein
und besonders beim ersten Kind möchten
werdende Mütter alles so perfekt wie möglich
vorbereiten. Dabei benötigt man wirklich so
wenig! Vieles ist Geldschneiderei und Mütter
fühlen sich schnell unter Druck gesetzt. Was

für eine Mutter wichtig und sinnvoll ist, mag
für die nächste ja vielleicht verzichtbar sein.

Gerade in dieser Lebensphase kann man
sich auf das Wesentliche für den neuen Erdenbürger konzentrieren. Und das Wesentliche
ist so einfach: Wärme, Liebe, Nahrung und
Geborgenheit für das Neugeborene.

Als meine erste Tochter vor 17 Jahren zur
Welt kam, hatten wir lediglich ein Baby-Bett
in unserem Schlafzimmer stehen, einen (gebrauchten) Kinderwagen und eine Schublade
mit bereits getragener Kleidung von Freunden.
Ihr erstes eigenes Zimmer bekam sie kurz nach
ihrem ersten Geburtstag, aber auch nur, weil
wir berufsbedingt den Wohnort wechseln
mussten und es sich wohntechnisch so ergab.
Bis dahin hatten wir es gemütlich und überschaubar, doch es hat ihr nie an etwas gefehlt.
Minimalisten konzentrieren sich lieber auf
ihren Nachwuchs, nicht auf den Konsum von
Kinderartikeln.

CHAOS-ECKEN IM KINDERZIMMER

Überall Kinderspielzeug! Auf jeder Ablage, auf dem Fußboden, in jedem Raum, überall liegt Spielzeug. Bücher, Bausteine, Puppen, Bastelmaterial, Kissen …

Wie wenig gerade Kinder brauchen, um glücklich zu sein, wird im gemeinsamen Urlaub offensichtlich. Sie sind eine lange Zeit glücklich und zufrieden, ohne auf ihre Spielsachen zurückgreifen zu können. Unüberlegter Konsum hat viele negative Auswirkungen und es liegt an uns Eltern, unseren Kindern vorzuleben, wie es besser geht.

Wir haben es selber in der Hand, dass Kinderspielzeug nicht einfach überall liegt, auf jeder Ablage, auf dem Fußboden, in jedem

Raum! Hinzu kommen ja noch die Verkleidungskiste, der Kaufmannsladen und die Kuscheltiere in der Mal- und Bastelecke.

AUSSORTIEREN

Regelmäßige Entrümpelungsaktionen schaffen wieder Raum und Ordnung im Kinderzimmer. Allerdings sollten Sie nie ohne Ihre Kinder entrümpeln. Zum einen, weil niemand wissen kann, was dem Kind wirklich wichtig ist und zum anderen, weil es ja eben dies lernen soll – zu entscheiden, was wichtig ist und was aussortiert werden kann.

Nicht eigenmächtig über den Kopf des Kindes hinweg entscheiden, schließlich würden wir auch nicht wollen, dass jemand einfach unsere Sachen durchsucht und einen Teil davon entsorgt. Jedes Spielzeug wird in die Hand genommen und gemeinsam entschieden, was damit passiert.

← *Für jedes Teil einen Platz – sodass jedes Spielzeug zurück an seinen Platz geräumt werden kann.*
→ *Entrümpelungsaktionen schaffen Raum und eine gute Übersicht im Kinderzimmer.*

ORDNUNGSHÜTER

Was im Kindergarten funktioniert, klappt auch zu Hause: Spielzeug wird bestimmten Kisten zugewiesen. Es müssen genügend Aufbewahrungsmöglichkeiten dafür vorhanden sein, sodass die Kisten nicht zu voll werden. Das Ziel ist: Für jedes Teil einen Platz zu bestimmen – sodass jedes Teil nach dem Spielen zurück an seinen Platz geräumt werden kann. So wissen Kinder, wo was hingehört.

FÜR DIE ZUKUNFT

Eine wichtige Ordnungsregel, die zur Routine werden sollte und die für jeden umsetzbar ist: Jeden Abend wird der Boden freigeräumt, nicht nur im Kinderzimmer, sondern auch im Wohnzimmer.

» Mit der Familie über Ordnung sprechen. Jedes Familienmitglied ist Teil des Haushalts und somit verantwortlich. Welche Regeln passen zu unserer Familie? Wer übernimmt welche Aufgaben?

» Wer etwas benutzt hat, bringt es danach an seinen Platz zurück.

» Wer groben Schmutz verursacht, entfernt ihn auch wieder.

» Tischdecken und Abräumen können alle Familienmitglieder.

» Müll gehört in den Mülleimer! Sinnvoll ist ein Papierkorb im Kinderzimmer, den die Kinder wöchentlich selbst leeren. Schmutzwäschebehälter sollten für Kinder gut erreichbar sein.

» Vor dem Abendessen regelmäßig die Fußböden freiräumen.

FAMILIENORDNER

Mit Kindern im Haus unterwerfen sich Eltern einer großen Flut an Papier von Informationszetteln von Kindergarten, Schule und Sportverein über Ankündigungen von Ausflügen, Aktionen und Kindergeburtstagen bis hin zum neuen Stundenplan. In manchen Wochen steigt die Anzahl der Zettel ins Unermessliche. Wer sie alle an einem zentralen Ort, unterteilt nach Kindern oder nach der Reihenfolge der anstehenden Termine, sammelt, behält besser den Überblick.

Auch Gutscheine, Tickets, Einladungen, Telefonlisten, Putzpläne, Notfallnummern und ähnliches sind in diesem Ordner besser aufgehoben als an der Pinnwand oder der Kühlschranktür. In einem Ordner für die gesamte Familie, in dem alles abgeheftet ist oder in Klarsichtfolie steckt, finden alle die Informationen, ohne sie suchen zu müssen.

KUNST VOM KIND

Eine weitere Flut an Papieren kommt in Form von Kunstwerken ins Haus. Als Mutter von drei Kindern kann ich sagen: In den vergangenen 17 Jahren sind drei Viertel aller Kunstwerke in den Papiermüll gekommen. Nicht sofort, aber doch sehr zeitnah. Das verbliebene Viertel kam in eine Klarsichthülle und in den jeweiligen Erinnerungsordner des Kindes. Somit entstand eine tolle Sammlung mit den schönsten Bildern, an denen die Entwicklung und künstlerische Fähigkeit der Kinder wunderbar festgehalten wurde. Aber auch Klassenfotos, Urkunden und Zeitungsartikel wurden und werden immer noch hier gesammelt. Ein großartiges Nachschlagewerk! Meine Kinder wissen, dass ich ihre Kunstwerke liebe, aber nur die schönsten aufbewahren kann. Für große gebastelte Kunstwerke (Laternen, Tiere aus Pappmache) empfehle ich immer: direkt ein Foto zur Erinnerung machen! Spätestens dann, wenn die Kunststücke ausgeblichen oder angestaubt sind, gehören sie in den Müll – ohne schlechtes Gewissen.

SCHULHEFTE

Am Ende eines jeden Schuljahres heißt es: Schulsachen aussortieren. Auch hier sollte niemand ein schlechtes Gewissen haben, wenn nicht alles aufbewahrt wird. Dafür sind Schulsachen nicht gemacht! Besser: die Kinder mitentscheiden lassen, welche Hefte sie aufbewahren möchten, der Rest kann zeitnah in den Papiermüll. Wem das Aussortieren von Schulheften schwerfällt, kann es auch in Etappen machen. Erfahrungsgemäß wird der Stapel mit aufzubewahrenden Sachen nach einem Jahr noch einmal halbiert, denn mit ein bisschen Abstand kann man sich leichter trennen und besser erkennen, wie wenig Wert die meisten dieser Erinnerungen haben. Mal ganz ehrlich, gibt es nicht viel schönere Sachen zum Aufbewahren als Schulhefte?

»ZUHAUSE« IST DAS SCHÖNSTE WORT.

LAURA INGALLS WILDER

Arbeitsplatz

OHNE ABLENKUNG
GUT
ARBEITEN

Entspannung und Konzentration

MINIMALISMUS AM ARBEITSPLATZ

*Minimalismus am Arbeitsplatz macht Sinn. Auf Überflüssiges zu verzichten,
um den Arbeitstag effektiv, aber angenehm zu gestalten, entspannt den Geist.*

Wer für seinen Arbeitsplatz einen eigenen Raum zur Verfügung hat, kann sich glücklich schätzen. Wenn Privat- und Arbeitsbereich voneinander getrennt sind, kann man sich besser auf die Arbeit konzentrieren. Wer nach getaner Arbeit die Tür einfach hinter sich schließen kann, sieht die unerledigten Aufgaben nicht mehr und kann seinen Feierabend besser genießen.

Für ein angenehmes Arbeitsumfeld und mehr Zufriedenheit bei der Arbeit sollte jeder sein Homeoffice ganz nach Geschmack einrichten und nicht einfach aussortierte Möbel hineinstellen. Eine inspirierende Atmosphäre ist wichtig. Muss der Arbeitsplatz im Schlaf- oder Wohnzimmer integriert werden, sollten beide Bereiche zumindest optisch durch halbhohe Regale oder einen Teppich voneinander getrennt werden. Doch das Schlafzimmer sollte nur eine Notlösung für einen Arbeitsplatz sein, denn dieser Ort dient ausschließlich zu unserer Erholung. Vor dem Schlafen sollte niemand an unerledigte Dinge erinnert werden.

ÜBERFLÜSSIGES AUSSORTIEREN

Gleichgültig, ob ein ganzes Arbeitszimmer zur Verfügung steht oder nur eine Ecke des Wohnzimmers: Wichtig ist, den Bereich regelmäßig aufzuräumen, überflüssige Dinge zu erkennen und auszusortieren. Nur mehrmals am Tag Benötigtes liegt griffbereit und sichtbar. Alles andere verschwindet vom Schreibtisch in eine Schublade oder ins Regal und stört so nicht.

Doch was ist das, was da in der Schublade verschwindet? Braucht man das wirklich? Die Briefumschläge, die nicht mehr kleben, die Unterlagen vom längst abgeschlossenen Projekt oder der defekte Locher? Auch die Schublade verlangt nach einem Mindestmaß an Ordnung. Kleine Schachteln oder Trennkörbe helfen dabei, den Überblick zu behalten.

Liegt alles an seinem Platz, muss nur danach gegriffen werden, ohne nachzudenken oder gar zu suchen. Nach der Benutzung wird der Gegenstand direkt wieder an diesen Platz gelegt, sodass er für das nächste Mal einsatzbereit ist, wenn er gebraucht wird.

EINGANGSKORB

Ein Eingangskorb ist ideal, wenn er mindestens einmal pro Woche gesichtet und sortiert wird. Ein Planer ist besser als unzählige Post-its. Bei Bedarf wird der Planer in die Tasche gepackt, um alle wichtigen Informationen und Termine dabei zu haben.

Es ist effektiver, nur ein oder zwei aktuelle Projekte auf dem Schreibtisch liegen zu haben, denn ein voller Schreibtisch beeinträchtigt die Konzentrationsfähigkeit. Zu viel Papierkram auf dem Schreibtisch hemmt die Kreativität. Unterlagen deswegen nicht einfach auf dem Schreibtisch stapeln, sondern eigene Ordner dafür anlegen.

CHAOS-ECKEN AM ARBEITSPLATZ

Überquellende Ordner und stapelweise Material: Unnütze Unterlagen und Papiere lassen sich im Arbeitszimmer nicht nur auf dem Schreibtisch finden.

AUSSORTIEREN

Der Arbeitsplatz, aber auch Regale und andere Ablagemöglichkeiten im Arbeitszimmer sind oft der Hort für eine große Menge an unnützem Papierkram: Prospekte, Broschüren und Flyer, alte Versicherungsunterlagen, Garantiescheine und Rechnungen finden sich hier. Projektentwürfe, alte Kalender, Werbegeschenke von vor drei Jahren, alte Magazine oder Eintrittskarten, Unterlagen aus der

Schule oder Universität – weg damit! All diese Dinge können aussortiert werden.

Auch von eingetrockneten Stiften, alten Kabeln oder defekten Geräten in den Schreibtischschubladen trennen wir uns unverzüglich.

Jede einzelne Schublade wird komplett ausgeleert und gereinigt. Nur das, was wirklich benötigt wird, darf zurückgelegt werden, am besten direkt in zusammenpassenden Kategorien. Genießen Sie den Anblick einer leeren Schublade – dies ist der erste Schritt zum Minimalismus!

MINIMIEREN

Eine gute Hilfe, um einen übersichtlichen Arbeitsplatz zu bekommen, ist, von zwei auf eins zu reduzieren. Das bedeutet: Bei Schachteln, Kisten oder Ordnern wird der Inhalt von zwei Ordnern auf einen Ordner reduziert.

Zwei Schachteln mit Büromaterialien? Einmal alles ausleeren und die besten Sachen in nur eine Schachtel zurücklegen. Zwei Kisten mit Hängeordnern, Mappen oder Briefumschlägen? Den Inhalt jeweils halbieren und nur noch eine Kiste mit diesen Sachen befüllen.

← *Zu viel Papierkram auf dem Schreibtisch hemmt die Kreativität. Freie Fläche – frei denken!*
→ *Das Prinzip Minimalismus gilt nicht nur auf dem Schreibtisch, sondern auch auf dem Laptop.*

ANLEITUNG

1 Den Schreibtisch leerräumen und beim Abräumen kleine Stapel zum Wegwerfen, Erledigen oder Ablegen sortieren.

2 Einen Posteingangskorb aufstellen und hier die eingehende Post ohne Umschläge oder Werbung sammeln. Diesen Korb einmal pro Woche sortieren. Notfalls diesen Termin im Kalender notieren, bis sich eine Routine eingestellt hat.

3 Verstreute Notizen zusammensuchen und an einem zentralen Ort sammeln.

4 Auf den Schreibtisch gehören maximal drei laufende Projekte. Alles andere sollte griffbereit und wohlgeordnet im Regal oder Schrank liegen.

5 Büromaterialien auf das Wesentliche beschränken.

Schlichte Stehsammler und Ordner in nur einer Farbe schaffen auch optisch Ordnung und sind überdies praktisch zu füllen. Rasch ist darin ebenfalls im Zugriff, was man braucht.

VIRTUELLE ORDNUNG

Wer seinen Arbeitsplatz übersichtlich gestalten möchte, sollte auch virtuell aufräumen. Unzählige Fotos und Dokumente auf der Festplatte, E-Books, Musik sowie unsortierte Apps auf dem Smartphone tragen ebenso zur Unordnung bei wie große Papierstapel auf dem Schreibtisch. Nur weil man dieses Chaos nicht physisch vor sich hat, heißt es noch lange nicht, dass es nicht da ist! Natürlich nimmt so eine Aufräumaktion Zeit in Anspruch, doch am Ende fühlt man sich sehr aufgeräumt und klar.

MINIMALISMUS IM TAGESABLAUF

Der Desktop ist nichts anderes als ein digitaler Schreibtisch und sämtliche analogen Ordnungsregeln treffen hier genauso zu: Alles, was nicht mehr benötigt wird, kann gelöscht werden. Alles andere sollte einen sinnvollen Platz zugewiesen bekommen.

Ordnung bei Dateiverzeichnissen ist unverzichtbar, um nicht ewig nach wichtigen Dateien suchen zu müssen. Eine übersichtliche, klare und auch für andere Personen nachvollziehbare Ordnerstruktur erspart viel Zeit und Arbeit. Die Vergabe von sinnvollen Dateinamen, sortiert nach Datum oder Projekt, sollte für jeden möglich sein. Lieber einfach halten – es geht nicht um verschachtelte Ordnerstrukturen. Es reicht, wenn Dokumente logisch benannt und durchsuchbar sind, so finden sich mit den aktuellen Suchfunktionen alle Informationen blitzschnell wieder.

ZEITFENSTER FÜR E-MAILS

Es heißt, wir verbringen durchschnittlich knapp 30 Prozent unserer Arbeitszeit mit der Bearbeitung von E-Mails und das Checken des Postfachs sei für viele schon eine Sucht geworden. Letzteres stört unsere Konzentration und wertvolle Zeit wird dadurch vergeudet. Sehr viel effektiver ist die Arbeit, wenn E-Mails nur zu festgelegten Zeiten abgerufen und diese in einem bestimmten Zeitrahmen bearbeitet werden. Wer es sich abgewöhnt, zu jeder Zeit verfügbar zu sein, kommt seiner inneren Freiheit ein großes Stück näher, ganz zu schweigen von der Produktivität und Effektivität, die dadurch einsetzen wird.

Deshalb: feste Zeitfenster für das Lesen und Bearbeiten von Emails schaffen und eingehende E-Mails reduzieren, indem überflüssige Newsletter abbestellt werden. Privates und Dienstliches strikt trennen und jedem sein Zeitfenster zuweisen: Wie entspannend und erfreulich ist es doch, eine Aufgabe konzentriert ein für alle Mal erledigt und den Kopf frei für die angenehmen Dinge des Lebens zu haben.

Das E-Mail-Programm lässt sich übrigens komplett vom Smartphone löschen, sodass Emails nur noch am PC abgerufen werden. Keine Email ist so dringend, dass sie sofort beantwortet werden muss, und niemand ist so wichtig, dass er rund um die Uhr erreichbar sein muss. Alle Partner gewöhnen sich daran.

SMARTPHONE

Wer immer sein Smartphone griffbereit hat und laufend auf Neuigkeiten kontrolliert, unterliegt dem größten Zeitfresser der Gegenwart. Dieses Verhalten nennt sich FOMO (»fear of missing out« – die Angst, etwas zu verpassen) und ist oftmals der Grund, weshalb sich am Ende des Tages das Gefühl einstellt, nicht wirklich etwas geschafft zu haben. In der heutigen Zeit ist es kaum möglich, komplett auf Smartphones zu verzichten, ein bewusster Umgang damit ist gerade deshalb so wichtig.

Ein wichtiger Schritt ist das dauerhafte Deaktivieren aller Push-Mitteilungen, denn jedes »Ping« einer neuen Mail oder Social-Media-Nachricht unterbricht konzentrierte Tätigkeiten. Man verliert nicht nur Zeit, weil man die Nachricht liest und vielleicht darauf antwortet, auch das anschließende Wiederhineinfinden in die aktuelle Arbeit kostet wertvolle Konzentration.

Wer Apps löscht, die nicht benutzt werden, und die übrigen Apps auf maximal zwei Seiten beschränkt, hat nicht nur ein aufgeräumtes Smartphone, sondern auch Ordnung im Kopf.

↑ *Listen schreiben hilft, den Fokus zu schärfen und Prioritäten zu setzen.*

Noch besser ist es natürlich, das Smartphone einfach mal auszuschalten oder einen ganzen Tag beiseite zu legen. »Social Media Detox« kann einen positiven Effekt haben und jeder wird merken, dass in der Zeit nichts wirklich Wichtiges passiert. Schließlich war vor 20 Jahren auch niemand rund um die Uhr erreichbar.

Wer sich an eine digitale Entgiftung und Zeitfenster für Facebook und Co. wagt, wird mit viel Zeit für angenehme Dinge belohnt. Zeit, um Freundschaften zu pflegen, statt über das Internet zu kommunizieren, Zeit, um mit dem Kind zu spielen, statt wertvolle Zeit vor dem Bildschirm für Unwichtiges zu vergeuden.

TO-DO-LISTEN

Listen schreiben hilft, den Fokus zu schärfen und Prioritäten zu setzen. Damit eine solche Liste nicht zur Belastung wird, sollte sie überschaubar bleiben: am Anfang nur die Punkte aufschreiben, die an diesem Tag unbedingt bearbeitet werden müssen, sowie Aufgaben, die zügig abgehakt werden können.

Wir sollten realistisch mit unseren Möglichkeiten und unserer Zeit umgehen, sodass die Punkte wirklich abgehakt werden können.

↑ *Minimalismus am Arbeitsplatz bedeutet, dass nur die wirklich wichtigen Dinge in greifbarer Nähe sind.*

Bleiben immer einmal wieder Punkte auf der Liste stehen und werden mit in den nächsten Tag oder gar in die nächste Woche genommen – nicht ärgern, diese Punkte einfach streichen. Vielleicht hat es einen Grund gegeben, warum diese Dinge nicht erledigt wurden. Also nicht den Tag davon vermiesen lassen und darauf vertrauen, dass sich manche Dinge auch von alleine regeln. Manchmal machen wir uns das Leben schwer, anstatt uns von Dingen zu lösen.

FUSSBODEN

Es mag verlockend sein, doch der Fußboden ist keine Alternative für fehlende Ablageflächen. Schnell werden Kartons oder Aktenordner auf den Boden gestellt oder gelegt und schon wachsen unübersichtliche Ecken und Stapel, die sich wie von selbst vermehren.

Hier gilt dieselbe Regel wie in allen anderen Räumen: Der Fußboden sollte frei bleiben, um

Stolperfallen zu vermeiden und um mühelos saugen oder wischen zu können. Das hält den Kopf ebenso frei wie ein aufgeräumter Schreibtisch. Wurde erst einmal Ordnung im Regal oder in den Schubladen geschaffen, wird es automatisch Platz geben für all die Dinge, für die es zuvor keinen festen Platz gegeben hat und die deshalb auf den Boden gelegt wurden. Und dabei soll es auch bleiben!

AM ENDE DES TAGES

Minimalismus am Arbeitsplatz bedeutet nicht, dass der Schreibtisch ab jetzt immer leer ist. Es bedeutet, nur die wirklich wichtigen Dinge in greifbarer Nähe abzulegen und alles andere auszusortieren. An der Wand hängt nur, was wirklich gefällt, und auf der Fensterbank steht nicht Unnötiges, das nur abgestaubt werden muss, ohne dekorativ zu sein oder wirklich Freude zu machen.

Wurde alles Überflüssige entfernt und hat alles seinen Platz gefunden, wird es nicht schwer fallen, jeden Abend den Schreibtisch aufzuräumen und den Feierabend einzuläuten. Versuchen Sie, am Abend Ihren Schreibtisch immer so zu hinterlassen, als würde am nächsten Tag jemand anderes hier arbeiten müssen. So können Sie abends besser mit Ihrer Arbeit abschließen, die Freizeit in vollen Zügen genießen und kehren am anderen Morgen gern an Ihren übersichtlichen Arbeitsplatz zurück.

Übrigens: Der linken Gehirnhälfte schreibt man logisches Denken zu, der rechten Kreativität. Deshalb sollte rechts auf dem Schreibtisch Privates und links Geschäftliches liegen.

ANLEITUNG

1 Leere Briefumschläge und Werbung immer sofort in den Müll werfen, anstatt zu verwahren.

2 Werbung abbestellen und ein Schild »KEINE REKLAME« an den Briefkasten anbringen.

3 Kontoauszüge elektronisch anfordern und speichern.

4 Aktuelle Einladungen und Gutscheine in einem Ordner abheften.

5 Stapel vermeiden und möglichst wenig ausdrucken.

6 Alles hat seinen Platz und kehrt nach dem Gebrauch wieder unverzüglich dorthin zurück!

7 Beim Abheften in einem Ordner schauen, ob dafür etwas Altes aussortiert werden kann.

WER
WENIGER BEDARF,
KOMMT NICHT
IN DIE LAGE,
AUF VIELES
VERZICHTEN
ZU MÜSSEN.

PLUTARCH

Flur

TRITT EIN,
BRING GLÜCK
HEREIN

Der Flur als Spiegel der Wohnung

MINIMALISMUS IM FLUR

Niemand möchte beim Kommen und Gehen in einer Wohnung Unordnung sehen müssen. Die Realität sieht leider anders aus, da es im Flur oft an Platz mangelt.

← *Den ersten Eindruck bekommt Besuch immer im Eingangsbereich einer Wohnung.* ↑ *Der Flur gilt als Visitenkarte der Wohnung.*

Den ersten Eindruck bekommt Besuch immer im Eingangsbereich einer Wohnung. Dieser sollte möglichst einladend und ordentlich wirken. Nicht nur Besucher sollen von einer positiven Stimmung empfangen werden – auch wir selber sollten uns sofort wohlfühlen und gerne nach Hause kommen.

Der Flur mit der Garderobe ist der erste Raum in der Wohnung, den ein Besucher betritt. Sieht es hier schludrig und unordentlich aus, können Rückschlüsse auf die andern Räume gezogen werden. Der Flur gilt als Visitenkarte der Wohnung.

Es ist ein großes Dilemma: Morgens ist noch alles aufgeräumt, doch sobald die Familie nach Hause kommt, bricht das Chaos aus. Die Kinder lassen ihre Schuhe liegen, der Mann seine Sporttasche. Briefe, Zeitungen und Altglas, die weggebracht werden müssen, tun noch ein Übriges.

Den Haustürschlüssel muss man permanent suchen und irgendwer leert immer sein Kleingeld auf der Kommode aus. Hauptsache, es gibt keinen Stromausfall! Dann findet garantiert niemand die Taschenlampe, die dann so dringend benötigt wird. Stattdessen hat man die kleine Luftpumpe in der Hand, die schon so lange nicht mehr funktioniert.

Ist in der Küche klar, dass sich hier Lebensmittel und Geschirr befinden, ist die Zuordnung für den Flur nicht ganz so eindeutig. Manch einer lagert hier seine Akten, der andere gar sein Werkzeug. Es gibt große Kleiderschränke für Jacken oder auch nur eine Kleiderstange, die bereits unter der Last von unzähligen Jacken zusammenzubrechen droht. Auch Wasserkisten und Leergut sind hier oft anzutreffen, ebenso wie der Staubsauger. Im Flur für Ordnung zu sorgen, ist allerdings leichter, als Sie vielleicht denken.

FLURGESTALTUNG

Die Wandgestaltung eines Flures hängt entscheidend von seiner Größe ab: Kleine Räume sollten in dezenten Farben gehalten werden. Bei einem geräumigeren Flur kann eine Wand auch in einer leuchtenden Farbe gestrichen oder auffällig tapeziert werden. So entsteht ein Blickfang, der in einem Wohnzimmer schnell aufdringlich wirken würde, in einem Durchgangsbereich aber erfrischend wirken kann. Die Decke im Flur sollte grundsätzlich heller sein als die Wände, denn das lässt den Raum optisch luftiger und höher wirken.

Keine Angst vor großen Möbeln im Eingang oder Flur. Im Gegenteil: Viele kleine Stücke wirken schnell unordentlich und lassen den Raum unstrukturiert erscheinen. Am besten eignen sich halbhohe Sideboards oder Kommoden. Statt eines geschlossenen, massiven Schranks machen sich offene Regale und Garderoben besser. Helligkeit im Eingangsbereich ist entscheidend für einen freundlichen Empfang, also immer für ausreichend Beleuchtung sorgen.

GARDEROBENSCHRANK

Zum Aufhängen der Jacken ist ein schmaler Kleiderschrank ideal. Zwei Jacken pro Familienmitglied sollten reichen und für den Besucher gibt es immer einen freien Bügel – durch diese Kleinigkeit fühlen sich Gäste willkommen.

Ein verschlossener Schrank ist natürlich die optisch ansprechendste Lösung. Reicht der Platz dafür nicht aus, tut es auch die Kleiderleiste an der Wand oder eine raumsparende, luftige Garderobe, um Jacken ordentlich zu deponieren. Eine Kleiderleiste ist gerade eine ausgesprochen gute Lösung, wenn Kinder im Haushalt leben: Wird eine Leiste in kindgerechter Höhe angebracht, kommen auch die Kleinen an ihre eigenen Sachen heran. Kindgerechte Lösungen schaffen Ordnung.

CHAOS-ECKEN IM FLUR

Jacken und Schuhe, wohin man schaut. Schulranzen und Sportrucksäcke, Mützen und Regenschirme, Hundeleine und Hundenapf, wohin nur mit all diesen Dingen?

Der Flur scheint viel zu klein und eng. Es gibt mehr Jacken und Schuhe als passenden Stauraum?

Wandschränke sind die perfekte Lösung, um Ordnung in den Flur zu bekommen, doch dafür reicht der Platz nicht immer. Also fliegt hier die Eingangspost und Werbung herum, man stolpert wahlweise über Schuhe oder die Hundeleine, Kleingeld wurde auf der Kommode abgelegt und Dinge werden einfach ausgezogen und liegen gelassen. Wer aber nur einen begrenzten Raum zur Verfügung hat, sollte sich nur mit ausgewählten Dingen umgeben. Je weniger, desto besser.

AUSSORTIEREN

Die Schuhe werden überprüft und jedes Familienmitglied sollte sich bei Platzmangel auf jeweils zwei Paare im Flur beschränken, die anderen befinden sich in einem Schuhschrank an einem anderen Ort. Sommerschuhe machen im Winter Platz und Winterschuhe werden im Sommer in besagtem separatem Schuhschrank im Keller oder Abstellraum, alternativ im Kleiderschrank untergebracht. Eine Kommode im Flur sorgt für mehr Aufbewahrungsmöglichkeiten, aber auch für Ansammlungen. Hier ist viel Potential – also jede Schublade komplett leeren, reinigen und überlegen, welche Dinge hier sinnvollerweise verstaut werden. Was ist in der Garage oder im Wohnzimmer vielleicht besser aufgehoben? Was ist defekt und kann weg?

← Körbe für Mützen, Tücher und Handschuhe sind im Winter sinnvoll. Sie hüten auch Ihre Taschen.
→ Eine hohe Kommode ist der ideale Ordnungshüter im Flur. Hier passen etwa viele Schuhe hinein.

ORDNUNGSHÜTER

Körbe und Kisten sind wunderbare Ordnungshüter. Auch Schals, Mützen, Leuchtwesten
und Halstücher können darin aufbewahrt
werden – entweder nach Themen oder nach
Familienmitgliedern sortiert. Nach dem Winter sollte alles einmal geprüft werden. Was ist
abgetragen und kann weg? Was übrig bleibt,
wird frisch gewaschen und verstaut.

Auch zwischengelagerte Dinge, die den
Weg zu ihrem Bestimmungsort noch nicht
gefunden oder noch keinen endgültigen Ort
zugewiesen bekommen haben, können in
einem Korb deponiert werden.

All die Kleinigkeiten, die sich im Ein- und
Ausgang ansammeln und in einem solchen
Korb zwischengelagert wurden, werden am
Ende des Monats geprüft und aussortiert.

» Schuhe haben einen Platz und
liegen nicht im Weg. Gibt es einen
Schuhschrank oder Korb für Schuhe? Welche Schuhe können weg?

» Jacken alle an die Garderobe
hängen – aber nur für die aktuelle
Jahreszeit und solche, die auch
gerade getragen werden.

» Einen Bügel oder Haken frei
halten für Besucher.

» Leere Getränkekisten bekommen einen Platz hinter der Tür.

» Es gibt einen festen Platz für
Regenschirme, Sporttaschen und
ganz besonders für Schlüssel (am
besten mit beschrifteten Anhän-
gern – nämlich am Schlüsselbord).

» Eingangspost wird nicht achtlos
am Eingang abgelegt, sondern
kommt in einen Eingangskorb.

SCHUHSCHRANK

Auch wenn Minimalisten loslassen anstatt Neues anschaffen sollen – ein Schuhschrank ist eine sinnvolle Investition. Es gibt viele platzsparende Modelle, sei es freistehend oder hinter der Tür hängend.

Wer bereits einen Schuhschrank besitzt, sollte zweimal im Jahr sämtliche Schuhe überprüfen. Habe ich sie überhaupt getragen? Gefallen sie mir noch? Müssen sie zum Schuster? Oder nehmen sie einfach nur wertvollen Platz in Anspruch und passen gar nicht gut?

Wer mit einem Mini-Flur leben muss, dem hilft vielleicht ein Blick nach oben. Lassen sich vielleicht Regalbretter unter die Decke montieren Dort verbirgt sich weiterer Stauraum für Schuhe, Taschen und Kisten für Dinge, die seltener genutzt werden. Die Sachen sind ja schnell wieder heruntergeholt.

HANDTASCHEN

Es gibt Frauen mit einem Handtaschenproblem. Nicht nur, dass sie viel zu viele besitzen, in jeder Handtasche haben sie etwas versteckt, an dessen Dasein sie sich nicht mehr erinnern oder das sie schon lange vermisst haben. Es hilft nichts: einmal alle Handtaschen zusammensuchen und jede Tasche entleeren. Wer sich nicht auf eine Handtasche beschränken möchte, kann die ganzen Kleinigkeiten wie Lippenstift, Tampons und Nagelpfeile in einem kleinen Beutel aufbewahren. Wird die Handtasche gewechselt, wird einfach der kleine Beutel umgeräumt. So bleibt immer alles beisammen, niemand muss lange in dunklen Taschen kramen und hat garantiert immer alles dabei, was er regelmäßig braucht.

PORTEMONNAIE

Wer nun schon einmal dabei ist, seine Handtasche auszuräumen, kann auch gleich mit dem Portemonnaie weitermachen! Was muss wirklich immer dabei sein? Sind die Karten alle noch gültig? Braucht man wirklich all diese Kundenkarten?

Sinnvoll ist übrigens, alle Karten und Dokumente aus dem Portemonnaie einmal zu kopieren und die Kopien abzuheften. Geht das Portemonnaie einmal verloren, können diese Informationen sehr hilfreich sein.

← *Ein Schuhregal hinter der Tür ist eine platzsparende Lösung. Möglichst nach Saison, Farbe oder Anlass sortieren!*
→ *Ein Kramkorb für all die Kleinigkeiten, die sich im Ein- und Ausgang ansammeln, kann hilfreich sein.*

SCHLÜSSELBUND

Auch am Schlüsselbund gibt es sicher etwas zu minimieren. Wieso eine ganze Schlüsselsammlung mit sich herumtragen, wenn man doch eigentlich nur den Haustür-, Briefkasten- und Fahrradschlüssel benötigt? Weniger ist mehr – so lässt es sich viel leichter durchs Leben gehen!

CHECKLISTE

» Man muss sich den Gegebenheiten anpassen: Je weniger Platz im Flur ist, desto mehr ist darauf zu achten, dass auch alles seinen Platz hat.

» Für die Handtasche(n) einen Beutel für Kleinkram zulegen und niemals eine Tasche weglegen, ohne sie vorher auszuräumen.

» Abgetragene Schuhe und defekte Taschen entsorgen. Schuhe und Taschen, die nicht mehr gefallen, können verschenkt oder verkauft werden, anstatt herumzustehen.

» Je weniger im Portemonnaie aufbewahrt wird, desto geringer ist der Verlust, wenn es verloren geht oder gestohlen wird.

» Wie viele der Schlüssel am Schlüsselbund werden wirklich jeden Tag benötigt?

LIEBER
WENIGER
BESITZEN
DAFÜR
MEHR LEBEN.

Abstellraum

DIE KAMMER
DES
SCHRECKENS

Waschmaschine, Staubsauger und Co.

MINIMALISMUS IM ABSTELLRAUM

Wer einen Abstellraum in der Wohnung zur Verfügung hat, ist auf der Gewin-
nerseite. Leider passen in den kleinsten Abstellraum Unmengen nutzloser Dinge.

Auch wenn dieser Raum augenscheinlich für unser persönliches Wohlgefühl nicht wirklich wichtig ist, sollten wir uns doch mit ihm befassen. Herrscht dort nämlich Chaos, tragen wir den Gedanken daran immer mit uns herum. Aufgeräumt erleichtert er viel.

Das wäre der Traum von einem ordentlichen Abstellraum: In diesem Raum hat der Putzeimer seinen festen Platz neben der Waschmaschine. Im Regal steht das Bügeleisen neben einem überschaubaren, sinnvoll zusammengestellten Vorrat an Lebensmitteln. Die Vorstellung, dass hier alles einen Platz hat und sich tatsächlich an diesem Platz befindet, kann durchaus in die Realität umgesetzt werden. Staubsauger, Putzlappen und Co. sind so jederzeit griffbereit. Es muss nur ein bisschen Zeit investiert werden, um die Chaoskammer in einen gut organisierten Abstellraum zu verwandeln.

Machen Sie doch den Abstellraum zu Ihrem persönlichen Service-Center für den Alltag. Natürlich benötigen wir zum Waschen, Putzen und Bügeln viele Geräte und Utensilien, die optisch nicht allzu ansprechen sein können und müssen. Sie sind eben nicht präsentabel und wir wollen sie nicht ständig im Blickfeld haben. Aber genau das sind die unentbehrlichen Helfer, die uns den Alltag so unendlich erleichtern. Ordentlich verstaut und nach Tätigkeitsbereichen zusammengestellt sind sie mehr wert als jeder noch so kostspielige Dekorationsgegenstand.

Beim Projekt »Abstellraum« bitte folgende Schritte einhalten: Als Erstes wird alles aussortiert, was nicht mehr gebraucht wird. Dann sollte man überlegen, wie der Platz optimal genutzt werden kann. Am besten den Raum einmal vermessen und Gestaltungsideen eventuell grob skizzieren. Erst dann werden die Sachen besorgt, die für die Umsetzung nötig sind. Niemals unüberlegt zahllose Kartons kaufen, um hinterher festzustellen, dass es zu viele sind und diese womöglich auch noch die falsche Größe haben.

↑ *Wäsche nach Farbe sortiert erleichtert das Leben.*

in Vorhang versteckt die Waschmaschine.
egalbretter sind gute Ordnungshelfer – so hat
nan alles sortiert und übersichtlich im Blick. ➜

ALLES RAUS

Bevor im Chaos ein System Einzug hält, muss
mit aller Konsequenz entrümpelt werden.
Weg mit den unzähligen Putzlappen, defekten
Schrubbern, abgelaufenen Lebensmitteln und
gesammelten Plastiktüten.

Der Pflanzendünger kommt besser in den
Keller. Das Toilettenpapier hätte auch Platz im
Badezimmer. Alles, was hier nichts verloren hat
und woanders besser aufgehoben ist, kommt
erst einmal in eine Kiste und wird zum Schluss
an seinen jeweiligen Bestimmungsort gebracht.

STAURAUM SCHAFFEN

Ein Regalsystem schafft den bestmöglichen
Stauraum. Die Regale ruhig bis unter die
Decke bauen und in einem Abstellraum mit
Schrägen oder schiefen Wänden einzelne
Regalbretter auf Winkel montieren. So passt
sich der Stauraum kostengünstig den Gege-
benheiten an.

GUTE BELEUCHTUNG

In einem düsteren Abstellraum gehen Dinge
verloren. Wer mag schon gerne im Dämmer-
licht einer spärlichen Glühbirne in seinen
Sachen herumkramen? Eine gute Beleuchtung
ist hier die Lösung, um auf den ersten Blick zu
finden, was man sucht.

EINSORTIEREN

Nun geht es daran, die ganzen häuslichen Gegenstände wieder einzusortieren. Gegenstände, die regelmäßig genutzt werden, sollten
natürlich griffbereit verstaut werden. Dinge,
die nur wenige Male im Jahr benutzt werden
wie das Waffeleisen oder die Bowle-Schüssel
bekommen ihren Platz weiter hinten oder oben.
Eine kleine Trittleiter hilft, an die oberen Regalbretter zu gelangen.

Kleinteiliges wird am Besten in einem
Schubladensystem verstaut. Wer auf einen
Blick sehen möchte, wo sich was befindet,
nutzt Schubladen aus transparentem Kunst-
stoff. An Haken und Wandhalterungen werden
ebenfalls Gegenstände aufgehängt.

↑ *Für jedes Teil einen Platz, jedes Teil an seinem Platz.*   ↑ *Regalsysteme schaffen den bestmöglichen Stauraum.*

TÜTEN UND TASCHEN

Eigentlich möchte jeder etwas Gutes tun, der Plastiktüten aus dem Laden weiterverwendet oder gleich Stofftüten kauft, die meisten machen sogar beides. Leider hat man die Tüten häufig, wenn man sie braucht, nicht dabei und muss wieder neue kaufen. Das sammelt sich an.

Auch hier sollte radikal aussortiert werden. Sprechen Sie ab jetzt ein klares Plastiktüten-verbot aus; übrige Tüten können noch als Müllbeutel verwendet werden, doch der Bestand sollte drastisch reduziert werden.

Wer Einkaufsbeutel im Auto, in der Fahr-radtasche und in der Handtasche verstaut, hat jederzeit welche dabei. Auch zum Kauf neuer Kleidung für den Winter oder den Sommer kann jeder selbst einen großen Beutel mit-nehmen. Zum Glück verzichten bereits viele Geschäfte auf kostenlose Plastiktüten – immerhin ein kleiner Beitrag zum Umweltschutz, auch wenn wir noch einen weiten Weg vor uns haben.

AN DIE WAND

Alles, was an einem Haken an der Wand hängt und nicht auf dem Boden steht, erleichtert das Reinigen des Raumes. Besen und Co. können ganz leicht mit einem Band versehen und an einen Haken gehängt werden.

An einer Tür hängen das Sportzeug der Kinder und der Beutel mit dem Leergut. Je mehr vom Boden wegkommt, desto besser ist das.

Große Sitzkissen zum Beispiel können mittels Wandhaltern für Fahrräder aus dem Baumarkt ordentlich und bequem an der Wand befestigt und ohne Bücken wieder abgenommen werden. Es gibt viele Möglichkeiten!

ORDNUNGSHELFER

Mit Boxen in verschiedenen Formaten bleibt kein wertvoller Stauraum ungenutzt. Gerade kleine Räume profitieren von der Übersichtlichkeit, die durch ein einheitliches Ordnungssystem entsteht. Mit einem Deckel wird der Inhalt vor Staub, Feuchtigkeit und Ungeziefer geschützt. Ideal sind stapelbare Boxen, die in verschiedenen Formaten erhältlich sind. So wird jede Ecke genutzt. Durchsichtige und/oder klar beschriftete Boxen erleichtern das Finden. Packen Sie stets Gleiches zusammen.

ANLEITUNG

Am besten noch heute einen Termin festlegen, wann der Abstellraum ausgeräumt und neu organisiert wird – nicht in einigen Monaten, sondern in den nächsten zwei Wochen. Das systematische Durchforsten wird viele Dinge zu Tage bringen, die nicht mehr gebraucht werden. Ist erst einmal ein Regalbrett leer, stellt sich das erste Erfolgsgefühl ein – selbst wenn Waschmaschine und Staubsauger hier ebenfalls noch einen Platz finden müssen. Sobald alles neu sortiert ist, werden Sie feststellen, dass sogar noch ein paar zusätzliche Kisten hineinpassen würden. Aber Sie haben minimalisiert und brauchen sie gar nicht mehr: Wer weniger hat, hat es gleich viel ordentlicher.

↑ *Gut geordnet wird der Abstellraum zum Helfer im Alltag.*

← *Besen und Co, können mit einem Band versehen an Haken gehängt werden.* ↑ *Wer weniger hat, hat es gleich viel ordentlicher.*

VORRATSHALTUNG

Der Abstellraum dient oft auch der Vorrats-haltung. Stellen Sie den Vorrat wie in einem Geschäft nach Food- und Non-Food-Artikeln getrennt auf. Wichtig ist auch hier, dass jedes Produkt seinen festen Platz bekommt. So finden Sie nicht nur schnell, was Sie suchen, sondern brauchen auch ältere Lebensmittel zuerst auf, bevor sie dem Verfallsdatum zum Opfer fallen.

Außerdem sieht man so auf einen Blick, was nachgekauft werden muss. Das Toiletten-papier sollte also nach jedem Neukauf genau dort einsortiert werden, wo es vorher schon gestanden hat. Befreit man das Toilettenpa-pier oder andere unhandliche Gegenstände direkt von der Verpackung und stapelt die Rol-len im Regal übereinander, ist das einerseits platzsparender und bereitet andererseits bei der Entnahme weniger Mühe.

Wer zum nächsten Geschäft nicht gerade eine lange Autofahrt auf sich nehmen muss, sollte Vorräte sparsam bemessen. Je größer das Lager ist, desto schneller werden Lebens-mittel vergessen und später weggeworfen.

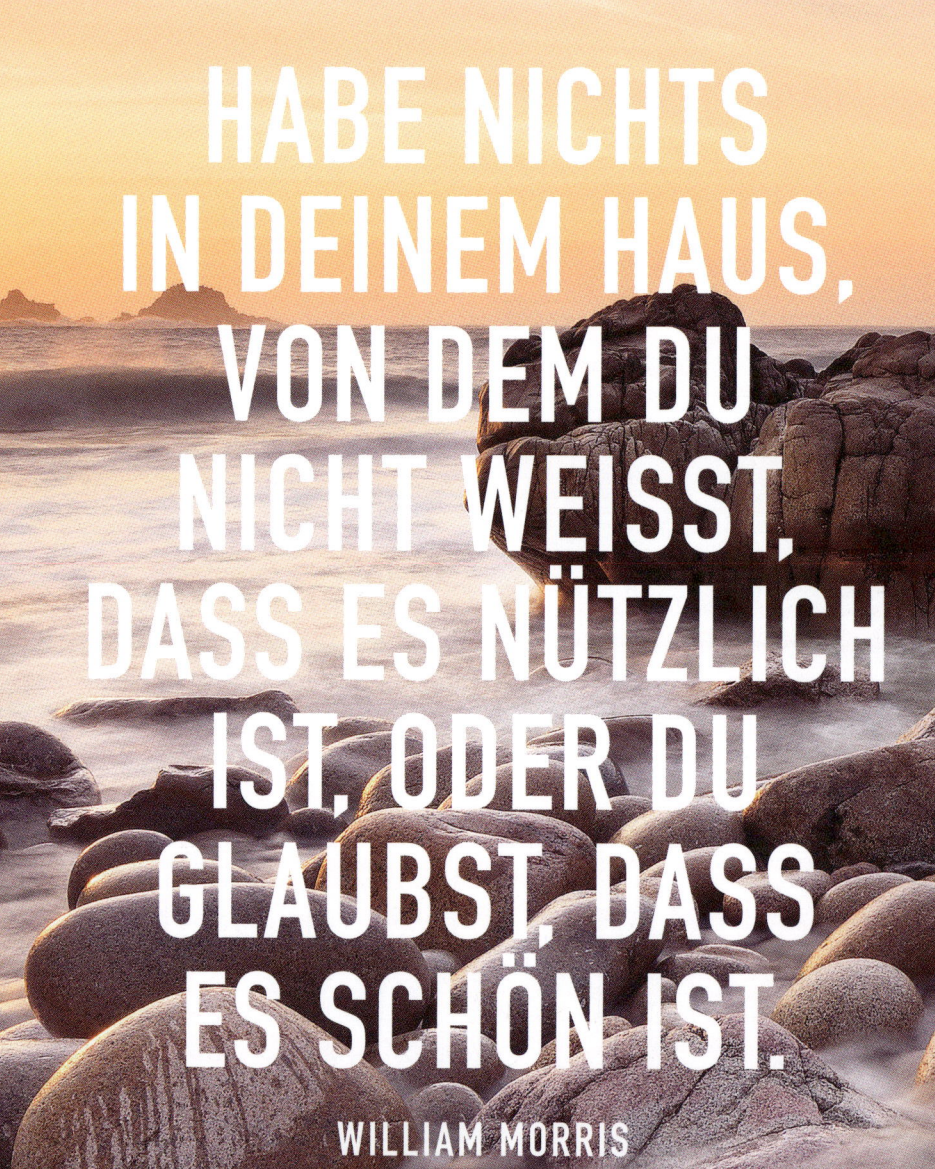

HABE NICHTS IN DEINEM HAUS, VON DEM DU NICHT WEISST, DASS ES NÜTZLICH IST, ODER DU GLAUBST, DASS ES SCHÖN IST.

WILLIAM MORRIS

Keller

KEIN LAGER
FÜR
UNNÜTZE DINGE

Gottes Werk und Teufels Beitrag

MINIMALISMUS IM KELLER

Mit der richtigen Ausstattung und ein bisschen Licht wird aus einem muffigen, dunklen Keller ein Ort der Aufbewahrung – nicht nur für Weinliebhaber.

Glücklich ist, wer keinen Keller hat! Diese Behauptung habe ich vor Jahren nach eigener Erfahrung aufgestellt. Nach mehreren Mietwohnungen mit Keller wohne ich mittlerweile in einem Haus ohne Keller – und empfinde diesen Zustand als überaus befreiend. Fehlt die Möglichkeit, Dinge zu horten, fallen Entscheidungen leichter und ich kann jedem, der auf der Suche nach einem neuen Zuhause ist, immer nur dazu raten, wenn irgend möglich auf einen Keller zu verzichten.

ZWISCHENLAGER

Zugegebenermaßen allerdings ist so ein Kellerraum hervorragend, um Fahrräder, Gartenstühle oder Weinregale zu verstauen. Wird ein Keller wirklich sinnvoll genutzt, erweist er sich als eine große Bereicherung. Doch Menschen neigen dazu, Dinge zu horten, die wir eigentlich nicht mehr brauchen. Besonders dann, wenn Platz vorhanden ist, werden Dinge vor dem endgültigen Aussortieren noch einmal zwischengelagert. Und genau das ist der falsche Ansatz. Minimalismus heißt, sich von Ballast zu befreien. Hält sich der Ballast jedoch im Keller oder auf dem Dachboden, hat er eine ähnlich fatale Wirkung wie ein schlechtes Gewissen: Man muss unterschwellig immer daran denken und wird ihn einfach nicht los.

Ordnung im Keller zu schaffen, ist kein Hexenwerk. Wer nach einem gewissen System vorgeht und am Ball bleibt, dem wird das Chaos im eigenen Keller nicht mehr über den Kopf wachsen. Dafür bedarf es selbstverständlich eines Quäntchens Arbeit und des richtigen Werkzeugs. Doch schon bald kann aus der Kammer des Schreckens ein nützlicher Aufbewahrungsort mit Struktur werden.

LAGERRAUM

Weihnachts- und Osterdeko, Koffer, Strandzubehör, Tauchanzug, Golfschläger, Inlineskates, Winterkleidung, Schlitten, Gartenmöbel, Blumentöpfe, Blumenerde, Grillkohle, Erbstücke, Werkzeug, Möbel, Autoreifen, Umzugskartons, Wasserkisten und Weinflaschen: Die Liste der Sachen, die im Keller gelagert werden, könnte unendlich fortgesetzt werden. Die Frage ist immer: Werden die Sachen, die hier gelagert werden, auch benutzt? Seit wann stehen diese Sachen dort? Brauche ich das alles wirklich? Bei den meisten Dingen wird die Antwort »nein« lauten.

Was wäre denn, wenn all das bei einer Überschwemmung nass würde? Es hilft nicht, die Dinge von A nach B zu schieben. Nur, wenn man auch bereit ist, sich zu trennen, schafft man Ordnung und Freiraum. Für die einen wäre es ein Befreiungsschlag – für andere erst einmal eine riesige Katastrophe. Doch Menschen, die von Starkregen im Keller überrascht wurden, berichten fast alle, dass es am Ende etwas Gutes hatte.

↑ *Eine Sammlung von Einmachgläsern ist nur sinnvoll, wenn man sie auch tatsächlich nutzt.*

Am Ende eines Tages kommt jeder zu der Einsicht, dass alles, was er im Keller hortet, nichts anderes ist als Ballast. Überflüssige Dinge, von denen man sich zuvor aus den verschiedensten Gründen nicht trennen wollte.

Keller oder Dachboden sind Abstellkammern im negativen Sinne im Großformat. Das Aufraffen mag schwer fallen, doch die Räume (so gut wie) leer zu wissen – und sie vielleicht sogar gar nicht zu benötigen –, fühlt sich im

Nachhinein super an. Was wäre denn, wenn für solche Räume extra Miete gezahlt werden müsste? Wäre man dazu bereit?

AUSSORTIEREN

Um überhaupt Ordnung im Keller schaffen zu können, heißt es in der ersten Phase des Ordnens erst einmal Platz schaffen. Wer nicht

↑ *Umzugskartons sollten unbedingt beschriftet werden, bevor man sie aufeinanderstapelt.*

lernt, Dinge auszusortieren und zu entsorgen, der wird auf der Strecke bleiben. Finden wir also einen Anfang und sortieren alles aus, was in die Kategorie »Müll« fällt: Alte Zeitungen, Kartons, leere Gläser und Flaschen kommen in die entsprechenden Container. Es ist so leicht!

Alles, was defekt, beschädigt und nicht mehr zu gebrauchen ist, kommt in den Müllcontainer. Alles, was schon lange auf die Reparatur wartet, kommt ebenfalls weg.

KLEINANZEIGEN

Jetzt stehen immer noch einige Dinge hier, von denen Sie denken: »Das kann ich irgendwann noch mal gebrauchen!«. Besser gleich mal von all diesen Dingen ein Foto machen, um sie im Internet zu verkaufen oder zu verschenken. Sobald die ersten Teile abgeholt wurden, setzt die Entspannung ein – garantiert.

Ist der gröbste Müll entsorgt, geht es an all das, was wirklich zur Aufbewahrung und bewusst zur weiteren Nutzung im Keller gelandet ist. Doch selbst von diesen Gegenständen wurden einige nicht wirklich vermisst. Was man also weder vermisst noch in den vergangenen sechs Monaten gebraucht hat, kann ebenfalls weg. Vielleicht lässt sich jemand finden, der dafür noch Verwendung hat! Der Verzicht auf Unwesentliches schafft Großzügigkeit und Platz für eindeutig Wichtiges.

ABSCHIED NEHMEN

Viele Dinge landen im Keller, weil wir emotional daran hängen. Das können Erbstücke sein, Urlaubsmitbringsel oder Geburtstagsgeschenke. Die Emotionen und schönen Erinnerungen erschweren uns den endgültigen

Abschied. Aber seien wir doch auch dabei einmal ehrlich! Wie lange liegen diese Dinge bereits im Keller? Was hält uns zurück, sie nun endlich wegzuwerfen oder weiterzugeben? Die schöne Erinnerung bleibt ja auch so.

Bei Spielzeug aus eigenen Kindertagen oder Familienerbstücken (für die gerade kein Platz in der Wohnung ist) sind Ausnahmen erlaubt. Alles, was einem wichtig ist und was eine große emotionale Bedeutung hat, kann bleiben. Vielleicht sieht es beim nächsten Durchforsten aber schon ganz anders aus?

KELLER EINRICHTEN

Wenn durch das Entsorgen jede Menge Platz im Keller gewonnen wurde, sollte der Rest nicht wahllos verstaut werden. Nur mit einem durchdachten System bleibt die neue Ordnung auch bestehen.

Eine spärliche Beleuchtung verleitet dazu, Dinge schnell dort abzulegen, wo sie nicht hingehören, nur um den Keller möglichst zügig wieder verlassen zu können. Deshalb sollte als Erstes ein helles Licht installiert werden. Je mehr Lichtquellen es gibt, desto besser. So fällt es leichter, etwas rasch zu finden.

AUFBEWAHRUNG

Kellerräume, besonders in Häusern mit älterem Entstehungsdatum, sind meist etwas feucht. An wichtigen Dokumenten, Fotos oder guter

← *Dicht schließende Luftdichte Kisten mit Deckel sind perfekt zur Aufbewahrung. Sie schützen vor Feuchtigkeit.*
→ *Je mehr Dinge an der Wand hängen, desto weniger stehen auf dem Boden im Weg herum.*

Kleidung können Bodenfeuchtigkeit und die ständige Staubeinwirkung Schaden anrichten. Statt Pappkartons sollten für diese Fälle zur Aufbewahrung besser Plastikkisten verwendet werden: Sie sind rundum dicht und halten außerdem Schädlinge und Gerüche besser fern. Durchsichtige und stapelbare Kisten sind nicht nur raumsparend, sondern schaffen die beste Voraussetzung, um Sachen zu finden.

In Baumärkten und Möbelhäusern gibt es spezielle Regal- und Schranksysteme für den Keller. Wer nun jeden Quadratmeter ausnutzen möchte, für den kann das je nach Größe des Kellers ganz schön ins Geld gehen. Ausrangierte Hängeschränke, Regale, (Kleider-)Schränke und Kommoden dienen genauso gut der Aufbewahrung und lassen sich oft kostengünstig über Kleinanzeigen finden.

CHECKLISTE

» Zuerst Platz schaffen und alles Überflüssige aussortieren.

» Bei jedem Gegenstand die Frage stellen: Werden die Sachen, die hier gelagert werden, benutzt? Seit wann stehen sie hier? Brauche ich das alles wirklich?

» Dinge, die für jemand anderen noch von Nutzen sein können, direkt im Internet anbieten.

» Keller mit Licht ausstatten und Regale oder Schränke für eine übersichtliche Ordnung besorgen.

» Durchsichtige Kisten mit Deckel für alles, was keine Feuchtigkeit und keinen Staub verträgt, beschaffen. Die Kisten beschriften, um den Überblick zu behalten.

» Je mehr an der Wand hängt, desto freier bleibt der Boden.

WEEKEND.

Ordnung im Keller zu schaffen, ist kein Hexenwerk.
Aussortierte Schränke eignen sich hervorragend zur
Aufbewahrung von saisonalen Gegenständen. →

Auch im Keller sollte man beim Einräumen wieder mit System vorgehen. Alles, was nicht häufig gebraucht wird (Urlaubszubehör, Koffer, Sonnenschirm), kommt in die oberste Etage der Regale oder Schränke. Dinge, die häufiger genutzt werden, kommen in greifbare Höhe.

Im Baumarkt gibt es eine fantastische Auswahl an Haken für Keller, Garage und Co. So lässt sich eine leere Wand ohne großen Aufwand und mit überschaubaren Kosten bestens für die Aufhängung von Fahrrädern, Schlitten oder Ski nutzen.

BESCHRIFTEN

Oster- oder Weihnachtsdeko braucht man nur zu einer bestimmten Zeit im Jahr. Kleinteile gehören deshalb in eine Kiste oder einen Karton, um alles pünktlich zu den Feiertagen zu finden. Sind die Kisten nicht durchsichtig, müssen sie beschriftet werden. Damit vermeidet man, sie erst aus dem Regal holen zu müssen, um zu schauen, was sich darin versteckt. Die Kisten nach Themen sortiert füllen: hier Deko, da Campingzubehör, dort Vorräte.

KLEIDUNG UND SCHUHE

Wenn es sich nicht um einen feuchten Altbaukeller handelt, kann man auch Kleidung und Schuhe im Keller aufbewahren. Geeignet dafür sind Stoffkleiderschränke, die es günstig im Baumarkt gibt. Darin lassen sich sperrige Winterjacken oder Skianzüge aufbewahren,

ohne dass sie einstauben. Für saisonale Kleidungsstücke und Schuhe eignen sich wieder die großen Plastikboxen mit Deckel.

ORDNER UND BÜCHER

Gibt es Bücher, die behalten werden, aber nicht in der Wohnung stehen sollen, oder Ordner mit Seminarunterlage oder gar Geschäftsunterlagen? Dafür würde ein (aussortiertes) Bücherregal, gegebenenfalls mit Tür, oder anderweitig nicht mehr benötigte einfache Schränke im Keller Sinn ergeben – wer selbst keine übrig hat, fragt seine Freunde und Bekannten. Ein Regal ist leichter zugänglich als Umzugskartons voller Bücher oder Akten, die erst durchsucht werden müssten.

Doch Vorsicht: Werden solche Sachen ordentlich in ein Regal sortiert, verleitet es dazu, sie dort zu belassen, wo sie sind.

VERSCHENKEN
IST
EINFACHER
ALS
VERKAUFEN!

REGISTER

DENISE COLQUHOUN, 1978 in Münster geboren, ist Ordnungsexpertin und Bloggerin unter dem Namen »Fräulein Ordnung«. Nachdem sie als Chefsekretärin Ordnungssysteme kennen- und lieben gelernt hat, hilft sie heute Menschen, schöner zu wohnen und sich von unnötigem Ballast zu befreien. Über Ordnung hat die Mutter von drei Kindern bereits mehrere Bücher verfasst und träumt davon, später mal auf einem Hausboot zu leben.

BILDNACHWEIS

IMPRESSUM

Produktmanagement: Anna Geistbeck,
Sonya Mayer
Redaktion: Sabine Durdel-Hoffmann
Korrektur: Franziska Sorgenfrei
Umschlaggestaltung, Layout und Satz:
Diana Dörfl, Konstanz
Repro: Repro Ludwig, Zell am See
Herstellung: Barbara Uhlig

Text: Denise Colquhoun
Bilder: siehe Bildnachweis Seite 158

Printed in Slovenia by Florjancic

Unser komplettes Programm finden Sie unter

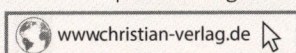 www.christian-verlag.de

**Sind Sie mit diesem Titel zufrieden?
Dann würden wir uns über Ihre
Weiterempfehlung freuen.**

Erzählen Sie es im Freundeskreis, berichten
Sie Ihrem Buchhändler oder bewerten Sie
bei Onlinekauf. Und wenn Sie Kritik, Korrek-
turen, Aktualisierungen haben, freuen wir
uns über Ihre Nachricht an:

Christian Verlag
Postfach 40 02 09
D-80702 München
oder per E-Mail an lektorat@verlagshaus.de

Die Deutsche Nationalbibliothek verzeichnet
diese Publikation in der Deutschen National-
bibliografie; detaillierte bibliografische Daten
sind im Internet über http://dnb.d-nb.de
abrufbar.

Ebenfalls erhältlich ...

ISBN 978-3-95961-182-4

ISBN 978-3-95961-216-6

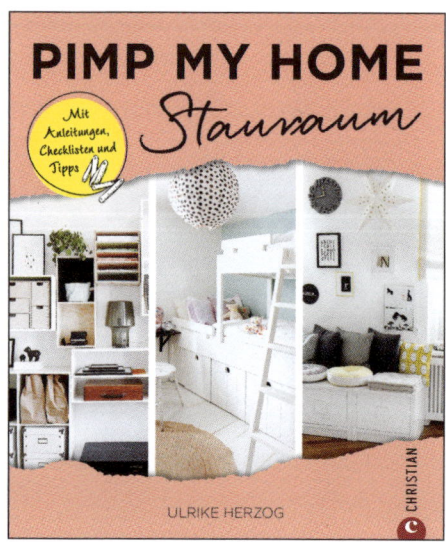

ISBN 978-3-95961-218-0

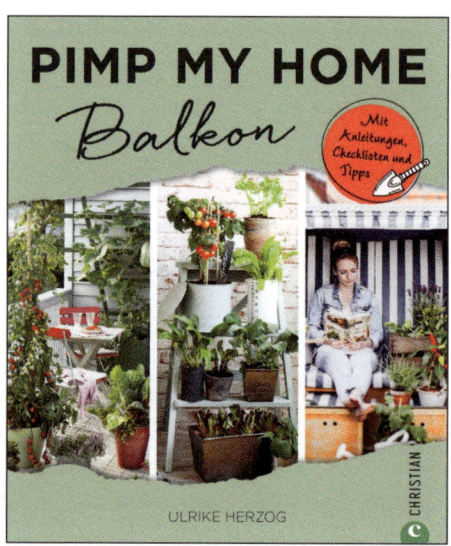

ISBN 978-3-95961-217-3

CHRISTIAN

www.christian-verlag.de